Para

com votos de paz.

/ /

Divaldo Franco
Pelo Espírito Joanna de Ângelis

Vida: desafios e soluções

Série Psicológica Joanna de Ângelis
Vol. 8

Salvador
14. ed. – 2023

COPYRIGHT © (1997)
CENTRO ESPÍRITA CAMINHO DA REDENÇÃO
Rua Jayme Vieira Lima, 104
Pau da Lima, Salvador, BA.
CEP 412350-000
SITE: https://mansaodocaminho.com.br
EDIÇÃO: 14. ed. (8ª reimpressão) – 2023
TIRAGEM: 3.000 exemplares (milheiro: 84.500)
COORDENAÇÃO EDITORIAL
Lívia Maria C. Sousa

REVISÃO
Christiane Lourenço · Jorge Leite
CAPA
Cláudio Urpia
MONTAGEM DE CAPA
Ailton Bosco
EDITORAÇÃO ELETRÔNICA
Ailton Bosco
COEDIÇÃO E PUBLICAÇÃO
Instituto Beneficente Boa Nova

PRODUÇÃO GRÁFICA
LIVRARIA ESPÍRITA ALVORADA EDITORA – LEAL
E-mail: editora.leal@cecr.com.br

DISTRIBUIÇÃO
INSTITUTO BENEFICENTE BOA NOVA
Av. Porto Ferreira, 1031, Parque Iracema. CEP 15809-020
Catanduva-SP.
Contatos: (17) 3531-4444 | (17) 99777-7413 (WhatsApp)
E-mail: boanova@boanova.net
Vendas on-line: https://www.livrarialeal.com.br

Dados Internacionais de Catalogação na Publicação (CIP)
(Catalogação na fonte)
BIBLIOTECA JOANNA DE ÂNGELIS

F825   FRANCO, Divaldo Pereira. (1927)

Vida: desafios e soluções. 14. ed. / Pelo Espírito Joanna de Ângelis [psicografado por] Divaldo Pereira Franco. Salvador: LEAL, 2023.
168 p.
ISBN: 978-85-61879-88-4

1. Espiritismo 2. Psicografia 3. Comportamento
I. Franco, Divaldo II. Título

CDD: 133.93

Bibliotecária responsável: Maria Suely de Castro Martins – CRB-5/509

DIREITOS RESERVADOS: todos os direitos de reprodução, cópia, comunicação ao público e exploração econômica desta obra estão reservados, única e exclusivamente, para o Centro Espírita Caminho da Redenção. Proibida a sua reprodução parcial ou total, por qualquer meio, sem expressa autorização, nos termos da Lei 9.610/98.
Impresso no Brasil | Presita en Brazilo

SÚMULA

O milagre da vida	7
1 Vida	11
1.1 Definição e proposta	11
1.2 Impedimentos naturais, domésticos, afetivos, sociais, econômicos, do inter-relacionamento pessoal	15
1.3 Doença e saúde	21
1.4 Obsessões	23
2 Significado do ser existencial	27
2.1 Objetivos da vida humana	27
2.2 Conflitos pessoais	30
2.3 Mitos, ilusão e realidade	33
3. Fatores de insegurança	39
3.1 A Criatura astuta	39
3.2 Necessidade da mentira	43
3.3 Afetividade conflitiva	47
3.4 Apoios ineficazes	50
4 Energias da vida	53
4.1 Hábitos mentais	53
4.2 Frustrações e dependências	56
4.3 Sensações e emoções	58
4.4 Vida interior	61
5 Significado do ser integral	65
5.1 Bases para a autorrealização	65
5.2 Conquistas que plenificam	69
5.3 Lições de vida	72

6 Aspectos da vida — 77
6.1 Juventude e velhice — 79
6.2 Estar desperto — 83
6.3 Alegria de viver — 86

7 Descobrindo o inconsciente — 91
7.1 Análise do inconsciente — 91
7.2 Processo de individuação — 100
7.3 Os Arquétipos — 103

8 Autodespertamento inadiável — 109
8.1 O despertar do Si — 109
8.2 Esforço para equilibrar-se — 117
8.3 Disciplina da vontade — 121
8.4 Ações libertadoras — 125

9 Relacionamentos saudáveis — 129
9.1 A influência dos mitos na formação da personalidade — 130
9.2 Conceitos incorretos e perturbadores — 134
9.3 Estabilidade de comportamento — 138

10 A busca da realidade — 141
10.1 Necessidades humanas — 142
10.2 Lutas conflitivas — 145
10.3 Autorrealização — 148

11 Vida: desafios e soluções — 153
11.1 O cérebro intelectual e o cérebro emocional — 155
11.2 Meditação e visualização — 157
11.3 O pensamento bem-direcionado — 162

O MILAGRE DA VIDA

Por mais que a mente humana interrogue a respeito da vida, na atual conjuntura do conhecimento intelectual, embora inegavelmente vasto, difícil se torna encontrar as respostas adequadas que lhe facilitem apreender todo o seu sentido e significado.

Reduzindo-a a acasos absurdos, destituídos de qualquer lógica, alguns investigadores simplificaram-na, eliminando maiores preocupações em torno da sua magnitude. Outros a estabeleceram sobre conteúdos mitológicos de fácil aceitação, graças aos componentes do sobrenatural e do maravilhoso.

O milagre da vida é muito mais complexo e, por isso mesmo, o seu ponto de partida somente pode ser encontrado no Criador, que a elaborou e a vem conduzindo através de bilhões de anos, produzindo na sua estrutura as indispensáveis adaptações, desdobramentos, variações...

No que diz respeito à vida humana em si mesma, detectamos sua gênese no Psiquismo Divino, que a concebeu e a *inspira, proporcionando-lhe a energia de que se nutre, que a impulsiona ao crescimento através das multifárias reencarnações do Espírito imortal, também denominado* princípio inteligente do Universo. *Simples, na sua constituição, liberta as complexidades que se lhe fazem necessárias para o crescimento, qual semente que se intumesce no seio generoso do solo, a fim de alcançar o vegetal que é a sua fatalidade, ora dormindo no seu íntimo.*

Ignorante *quanto à sua destinação, desperta para a própria realidade mediante as experiências intelectuais e vivências morais que o capacitam para a conquista da plenitude.*

À semelhança da semente humilde e nobre, que jamais contemplará a espiga dourada, em razão da morte *que lhe faculta o surgimento do grão, o Espírito, na sua simplicidade inicial como psiquismo, não se apercebe do anjo que se lhe encontra silencioso no âmago, e um dia singrará os infinitos* rios da Imortalidade.

Esse processo de evolução, no entanto, é assinalado por desafios, cada vez mais graves e significativos, quanto mais se lhe desdobram as faculdades e o discernimento.

O desabrochar dos valores internos é, de certa maneira, dilacerador em todas as espécies vivas.

A vida vegetal rompe a casca protetora da semente, a fim de libertar-se; o mesmo ocorre com o ser humano que se vê envolto pela carapaça forte que o encarcera no princípio e cuja prisão lhe deixa marcas profundas que devem ser eliminadas, na razão direta em que se desenvolve e passa a aspirar a mais amplos espaços e a mais gloriosa destinação.

Vida: desafios e soluções

A luta se lhe faz, portanto, intensa, sem quartel, avolumando-se na medida da capacidade de resistência e de esclarecimento que lhe facultam as vitórias.

Viver é um desafio sublime e realizá-lo com sabedoria é uma bem-aventurança que se encontra à disposição de todo aquele que se resolva decididamente por avançar, autossuperar-se e alcançar a comunhão com Deus.

Estudamos, neste modesto livro, diversos desafios que o homem e a mulher modernos enfrentam no cotidiano.

Graças ao valioso concurso das doutrinas psíquicas em geral e da Psicologia Espírita em particular, excelentes contribuições existem e se encontram disponíveis para todos aqueles que estão sinceramente interessados na construção de uma consciência saudável, de um ser responsável e lúcido, de uma sociedade feliz.

Não apresentamos nenhuma fórmula mágica, e tal não existe, que possa resolver as dificuldades e os problemas naturais, que fazem parte do processo da evolução.

Todas as propostas e soluções para os desafios existenciais da vida dependem de cada pessoa, do seu esforço, da sua perseverança e da sua ação confiante.

O que não seja conseguido em um momento, mediante a insistência saudável, será alcançado depois.

Reconhecemos que existem excelentes obras que abordam alguns, senão a quase totalidade dos temas aqui apresentados, e com melhores contribuições.

A nossa singela colaboração, porém, se fundamenta nos postulados vigorosos da Doutrina Espírita, que vem, desde há

Joanna de Ângelis / Divaldo Franco

quase cento e quarenta anos, quando da publicação de O Livro dos Espíritos,[1] *por Allan Kardec, no dia 18 de abril de 1857, iluminando vidas e libertando consciências.*

Confiamos que, embora inexpressiva, a nossa oferenda poderá auxiliar algum leitor que se encontre experimentando desafios, aqui descobrindo as soluções correspondentes e tornando-se harmonizado, a caminho da conquista da felicidade.

Salvador, 20 de janeiro de 1997.

JOANNA DE ÂNGELIS

---

1. Com a publicação da presente obra, homenageamos *O Livro dos Espíritos*, de Allan Kardec, por ocasião do transcurso do seu 140º aniversário de publicação, que ocorrerá no próximo dia 18 de abril do ano em curso. Igualmente, congratulamo-nos com o médium Divaldo Pereira Franco, pela celebração do seu cinquentenário de labor espírita pela palavra, iniciada mediunicamente no dia 27 de março de 1947, na cidade de Aracaju, Sergipe, onde terá lugar o 1º Congresso Espírita Estadual, nos dias 27 a 30 de março próximo, comemorando a abençoada ocorrência (nota da Editora).

1
VIDA

DEFINIÇÃO E PROPOSTA. IMPEDIMENTOS NATURAIS, DOMÉSTICOS, AFETIVOS, SOCIAIS, ECONÔMICOS, DO INTER-RELACIONAMENTO PESSOAL. DOENÇA E SAÚDE. OBSESSÕES.

DEFINIÇÃO E PROPOSTA

Os bons dicionaristas definem a vida como um *conjunto de propriedades e qualidades graças às quais animais e plantas, ao contrário dos organismos mortos ou da matéria bruta, se mantêm em contínua atividade, manifestada em funções orgânicas tais como o metabolismo, o crescimento, a reação a estímulos, a adaptação ao meio e a reprodução*, segundo o Dicionário Aurélio da Língua Portuguesa.

A vida pode também ser considerada como o período que medeia entre as ações e reações que vitalizam os seres vivos, como resultado de organizações celulares de grandiosa complexidade, que se desenvolvem entre o nascimento e a morte.

Supõe-se que a vida teve início no período pré-cambriano, embora a ausência de vestígios fósseis, que por certo desapareceram, em vez de não haverem existido, pois que no período imediato – o cambriano – já era volumosa a presença da fauna rica e diversificada.

Quando surge uma estrutura celular, pode-se identificar o ser vivo. No caso dos vírus, alguns deles, ainda não possuindo estrutura celular, não podem ser considerados como tal.

Todos os seres vivos dependem grandemente do consumo da energia, que chega à Terra através da luz do Sol, que a exterioriza, convertendo quatrocentos e vinte milhões de toneladas de massa em cada segundo, para poder manter o Sistema e, por consequência, todas as formas de vida em nosso planeta, especialmente as plantas que servem de base para a manutenção dos vegetais, ao lado de outras substâncias, e que, por sua vez, nutrem os animais.

Embora essas expressões variadas de compreensão em torno da vida, eis que ela transcende a tais limites impostos pela deficiência de linguagem, pela pobreza da forma e da maneira para entender-lhe o significado profundo que a oculta, mesmo aos olhos dos observadores mais atentos.

A vida manifesta-se conforme a sua estrutura própria e peculiar, sendo detectada por cada estudioso, por cada analista, de acordo com o seu ângulo de entendimento ao vê-la e senti-la.

Santo Agostinho a considerava filosoficamente muito simples *como a nutrição, o crescimento, o depauperamento, tendo por causa um princípio que traria em si o seu próprio fim*, que ele denominava *enteléquia*.

Já Cláudio Bernard considerava *impossível defini-la, por ser inacessível e abstrata*.

O conceito, portanto, sobre a vida varia de acordo com a corrente de pensamento filosófico ou de comportamento científico, em se considerando que cada um apoia sua visão em torno dela, mediante as próprias bases de sustentação cultural.

Vida: desafios e soluções

Os mecanicistas elucidam que a vida se originou através de fenômenos totalmente físico-químicos. Os vitalistas acreditam na vigência de um *princípio vital*, encarregado de transformar a matéria inerte em animada ou pulsante.

Já o materialismo dialético apresenta o conceito de que a vida se teria originado em um *sistema no qual tudo se modifica, em um incessante movimento de superação de umas partes por outras; em que não há fenômenos isolados, mas tudo está relacionado.*

O espiritualismo parte da realidade de um Ser Transcendente que a criou e a mantém, facultando-lhe um desdobramento infinito em quantidade e qualidade, que se direciona para o rumo da perfeição.

O biólogo dirá que a vida é o resultado da organização celular, em admiráveis aglutinações, formando órgãos, sistemas e funções que se individualizam.

O filósofo apresentará formulações diferentes, que decorrem da sua óptica vivencial e cultural, concordando com a Escola a que se vincule, limitando-a, entretanto, ao período que se estende entre o berço e o túmulo.

O artista, conforme a área a que se dedique, tentará traduzi-la em beleza e majestade, copiando-a, manifestando-a com deslumbramento ou desencanto, em relação à estrutura psicológica que lhe seja peculiar.

... E assim, sucessivamente, cada pessoa, entendendo-a, definindo-a de acordo com a sua percepção, a sua emoção, a sua capacidade cultural, fornecerá conceitos compatíveis com a sua forma de ser.

A vida, no entanto, em determinado momento, é extraordinário químico, que transforma água e húmus em madeira e açúcar, no vegetal, oferecendo perfume à flor e sabor ao fruto, enquanto no estômago prepara soluções vigorosas para modificar os alimentos e digeri-los, a fim de que não pereçam os seres, que dessa forma se nutrem.

Simultaneamente é o artista incomum que trabalha todas as folhas dos vegetais com riqueza de contornos, que nunca se repetem, colocando, num homem, impressões dactiloscópicas, que jamais são encontradas noutro. Ao mesmo tempo, com toques mágicos dá cor e brilho às plantas, aos pássaros e a todos os demais seres vivos, enquanto adorna a Natureza com festas arrebatadoras em tons infinitos, impossíveis de serem repetidos.

É um físico incomparável, que trabalhou todos os campos de energia, permitindo que, só a pouco e pouco, o homem lhe pudesse penetrar os *milagres*, ora abertos a inúmeros setores do conhecimento que deslumbra as inteligências mais aguçadas.

Entrementes, a vida surge da união de um protoplasma com um raio de sol, que o *fragmenta*, multiplicando-o ao infinito, de forma que tudo quanto vive no mundo terrestre aí teve o seu começo. E é tão forte essa fantástica união de energias diáfanas, que humilde raiz, em insignificante greta, lentamente pode culminar o seu desenvolvimento fendendo a rocha...

No ser humano, apresenta-se frágil e poderosa ao mesmo tempo, pois que estruturou o seu corpo com tais recursos que ele resiste a diferentes pressões atmosféricas, a choques vigorosos e deixa-se afetar por delicada picada de um alfinete que, se infectado, pode levá-lo à morte, ou por um corte que lhe permite a perda de sangue, caso não se forme o coágulo tampão produzido pela fibrina, ou vítima de um traumatismo de pequena monta... Uma gripe

Vida: desafios e soluções

de aparência comum pode afetá-lo gravemente; uma virose pode vir a roubar-lhe a existência, enquanto se recompõe de processos graves e infecciosos, de cirurgias e transplantes expressivos com naturalidade, podendo enfermar ou restabelecer-se sob o comando da mente, da vontade, pela manutenção do oxigênio, da água e, principalmente, do amor.

A Vida, no entanto, é Deus, e por isso ainda é difícil, senão impossível, de ser compreendida plenamente, além das suas manifestações, que fazem parte do processo da realidade dos seres, precedendo-lhes ao surgimento na forma material e sobrevivendo-lhes à decomposição cadavérica.

No incomparável e não dimensível oceano da Vida, encontramo-nos sob Leis que estabelecem as diretrizes essenciais para o processo da felicidade que a tudo e a todos aguarda, que é a incomum fatalidade para a qual se expressa no mundo: a perfeição!

IMPEDIMENTOS NATURAIS, DOMÉSTICOS, AFETIVOS, SOCIAIS, ECONÔMICOS, DO INTER-RELACIONAMENTO PESSOAL

Estudando-se os primórdios do planeta terrestre, pode-se imaginar os graves impedimentos existentes para o aparecimento da vida.

Temperaturas muito elevadas, convulsões geológicas incessantes, gases venenosos que pairavam na atmosfera, turbilhão em toda parte, quase o caos...

Lentamente, porém, o psiquismo existente na imensa *geleia* que envolvia o Orbe desceu à intimidade das águas abissais dos oceanos, dando início às primeiras moléculas, na razão direta em que amainava o calor comburente e amorteciam os movimentos gigantescos das ondas do mar golpeando as rochas.

Obedecendo a uma hábil e complexa programação transcendental, teve início a aglutinação molecular, e o *hálito Divino* em forma de vida passou a sustentar as organizações iniciais.

Transcorridos quase dois bilhões de anos, o ser humano direciona o pensamento para as conquistas do macrocosmo, enviando sondas espaciais que lhe facultam o conhecimento mais profundo do Sistema Solar e avançam, audaciosamente, no rumo do mais além da sua órbita...

Não obstante esse desenvolvimento tecnológico, não ocorreu equivalente crescimento moral, e, como consequência, o próprio homem ameaça o ecossistema que lhe preserva a existência física, enlouquecido pelas ambições desvairadas, atirando-se no abismo da loucura pelo gozo...

Indubitavelmente a vida triunfa sobre o meio hostil, e as espécies, às dezenas de milhares, surgiram, desenvolveram-se e desapareceram, repetindo-se em ciclos de periodicidade de aproximadamente cem mil anos.

É inexorável o aprimoramento das formas que envolvem o psiquismo, o crescimento das aspirações e compreensões dos valores, cada vez mais nobres, que convidam a inteligência e o sentimento ao permanente trabalho de sublimação.

Como é inevitável, no suceder dos ciclos da evolução, as conquistas e os prejuízos de cada experiência se refletem na imediatamente posterior, exigindo maior contribuição do ser para depurar-se e desenvolver outros segmentos que nele jazem aguardando oportunidade.

Vida: desafios e soluções

Aí residem os demais impedimentos à expressão da vida, que se podem relacionar como domésticos, sociais, afetivos, econômicos, do inter-relacionamento pessoal.

O Espírito, portanto, incurso nas suas realizações, repete por atavismo automatista as mesmas experiências, particularmente aquelas nas quais malogrou, até fixar novas aprendizagens.

Aristóteles afirmava que *o conhecimento se adquire e a virtude se exercita*, de modo a conseguir-se a sabedoria.

O conhecimento do dever e a virtude da responsabilidade caminham lado a lado, desenvolvendo recursos latentes e aprimorando-os através do contributo das sucessivas reencarnações.

Em face dessa conjuntura, os impedimentos domésticos ou familiares têm suas raízes na necessidade de o *princípio inteligente*, que rege a vida humana, conviver com os problemas ou as bênçãos que produziu nas atividades anteriores, a cujas raízes se encontra vinculado.

Lares difíceis, relacionamentos familiares ásperos, presença de mãe dominadora e de pai autoritário, fomentando o surgimento de conflitos na personalidade infantil, remontam aos períodos pretéritos de alucinação, de instinto e de desregramento.

Quando se compenetrarem, os pais, de que o lar é o santuário para a vida humana, e não um campo de disputas para a supremacia do *ego*; quando os adultos se conscientizarem que a educação é um ato de amor, e não um meio de intimidar, de descarregar problemas; quando as pessoas entenderem a família como um compromisso dignificador, e não um ringue de lutas, as trágicas ocorrências do abuso infantil, pela violência, pela indiferença, pelo estupro, pela

17

miséria em que nasce o ser e a ela fica relegado cederão lugar à construção de uma sociedade justa, equânime e feliz. Isso porque a criança maltratada, sob qualquer aspecto que se considere, projeta contra a sociedade o espectro do terror que a oprime, do abandono em que estertora e, na primeira oportunidade, tentará cobrar pela crueldade o amor que lhe foi negado.

Investiguem-se as origens sociais dos criminosos empedernidos, salvadas as exceções de natureza patológica – hereditariedade, comprometimento pelas obsessões –, e se detectarão os lares infelizes, as famílias desajustadas ou grupos perversos reunidos em simulacros familiares, vitimados pelo abuso e descaso de pessoas inconscientes e chãs ou pelos sistemas ainda mais insensíveis que culminam pela hediondez das leis em que se apoiam.

O impedimento familiar será superado a partir da consciência de amor, entendendo as circunstâncias do renascimento e administrando os conflitos mediante terapias especializadas e a convivência com grupos de auxílio e sustentação.

Surgem os impedimentos afetivos, que resultam de inúmeros fatores, entre os quais o próprio desajuste emocional do indivíduo: timidez, complexos de inferioridade, de superioridade, narcisismo...

As *marcas psicológicas* perturbadoras não cicatrizadas fazem-no refugiar-se na infância infeliz, procurando sustentar a imagem de desvalor que lhe foi inculcada ou que se lhe estereotipou, negando-se a liberdade e o direito de ser ditoso.

Castrado nos sentimentos do amor, que não experimentou e por isso não desenvolveu, anela pela afetividade,

Vida: desafios e soluções

que teme, receando amar e não acreditando merecer qualquer tipo de afeto, desenvolvendo sim, na sua insegurança, o ciúme, a desconfiança sistemática, a dominação do outro, ou tombando em tormentos maiores de ordem psicológica, iniciando-se no crime, pela extinção da vida física daquele a quem ama apaixonadamente ou por quem é amado.

Na imensa gama dos conflitos perturbadores, o indivíduo se dissocia do convívio social, a princípio através de uma fragmentação da personalidade, que se sente destroçada, derrapando em atitudes de autocomiseração ou de agressividade, a depender do próprio arcabouço psicológico. É inevitável que, nessa conjuntura aflitiva, o convívio social seja insuportável, ou exerça um tipo de pressão emocional angustiante, que o empurra no rumo da alienação.

Às vezes o grupo social é fechado, impeditivo de crescimento, evitando que novos membros se lhe associem, o que constitui um estágio primário no processo da evolução, assim temendo a invasão da privacidade que preserva como mecanismo de autodefesa. Apesar disso, em grande número de vezes, é ele próprio inseguro, atormentado que rejeita a sociedade, refugiando-se em escusas de que não seria aceito caso insistisse, mesmo vencendo os seus limites e resistências.

Há sempre presente o mecanismo de autopreservação, quando se trata de personalidades conflituosas em relação ao comportamento social, evitando o grupo e acusando-o de rejeição.

Por outro lado, as dificuldades financeiras geram impedimentos para a plenificação existencial, por facultarem complexos de inferioridade econômica entre os aparentemente triunfadores, que dispõem de recursos para desfilar o seu triunfo, a sua saúde, a sua felicidade...

Sabe-se que os valores amoedados certamente promovem o indivíduo, o grupamento social onde ele se movimenta, porém de maneira alguma evita que padeça a injunção de todos os sofrimentos que são comuns às demais criaturas. A aplicação desses valores pode atenuar as dificuldades, diminuir as provações, ensejar comodidade, nunca, porém, impedir as ocorrências que a todos afetam, especialmente as de ordem íntima, que antecedem o comportamento atual.

Quando se possui uma personalidade estruturada, os desafios econômicos se apresentam e são avaliados, a fim de serem superados, conquistando-se patamares de equilíbrio, que em nada invalidam os valores reais que exornam o caráter íntimo de cada qual. Não é, desse modo, o ter ou não ter recursos econômico-financeiros, mas a forma como se encara a situação ou a dependência a que se entrega a pessoa ante a circunstância que defronta.

De alguma forma, esses impedimentos perturbam o inter-relacionamento social, ou alguns deles, ou mesmo apenas um, a depender da estrutura emocional de cada qual.

Uma personalidade bem-desenvolvida e desbloqueada encara os desafios, os impedimentos existenciais, como testes de valorização, sentindo-se convidada a lutas e esforços que mais lhe desenvolvem a capacidade para enfrentar futuras dificuldades. O amadurecimento psicológico dá-se a pouco e pouco, jamais através de golpes surpresas, muito do agrado dos inseguros e sonhadores.

Enquanto sejam identificados impedimentos à plenificação da vida, se está em crescimento, em processo de valorização existencial, de desenvolvimento intelecto-moral.

Vida: desafios e soluções

Em vez de constituírem obstáculos, devem ser encarados como estímulo, como emulação à descoberta e aplicação de recursos que jazem ignorados e podem ser aplicados com eficiência para a harmonia pessoal.

DOENÇA E SAÚDE

Saúde é o estado ideal da vida. Doença é ocorrência vibratória perturbadora, mudança de comportamento na organização molecular do indivíduo ou no seu psiquismo em processo de amadurecimento.

Essa distonia no mecanismo sutil do ser, abrindo espaços para a manifestação e proliferação dos processos degenerativos, tem sua sede nas intrincadas malhas do Espírito, em si mesmo herdeiro dos atos que o acompanham na larga trajetória da evolução, sempre responsável pelo que é e pelo que se candidata a conseguir.

A doença, no entanto, nem sempre representa estado de calamidade na maquinaria ou nos equipamentos responsáveis pelas expressões da inteligência, do pensamento, da emoção. Quando bem-entendida e direcionada para finalidades superiores, que são conseguidas por meio da reflexão, do amadurecimento das ideias, pode ser considerada, em muitos casos, como terapia preventiva a males piores – os de natureza moral profunda, espiritual significativa –, advertindo que a organização somática é sempre uma indumentária de breve duração e que o ser, em si mesmo, é que merece todo o investimento de preocupação e esforço iluminativo, preservador.

A fatalidade da vida estabelece equilíbrio, harmonia e perfeição, porque o ser é rebelde ou descuidado, transitando por estágios de desajustes que abrem campo para a instalação das doenças.

A saúde resulta de uma bem-dosada quota de valores mentais em consonância com a estabilidade física e a ordem psicológica, que produzem o *clima* de vitalidade responsável pela funcionalidade do corpo. Qualquer alteração nos equipamentos sensíveis da maquinaria fisiopsíquica e logo surge um campo propiciatório à manifestação da doença. Nesse sentido, a área psíquica é portadora de grande responsabilidade, porque é graças à sua vibração – encarregada de manter o perfeito entrosamento entre as manifestações físicas, emocionais e mentais – que as ocorrências nas diferentes expressões podem sofrer alteração.

A educação mental, que resulta do esforço pelo cultivo das ideias edificantes, torna-se de alta validade no processo de uma existência saudável, geradora de futuros comportamentos orgânicos e psíquicos, que sempre produzirão bem-estar e felicidade. O mesmo ocorre quando se instalam hábitos mentais perturbadores, que produzem desconforto emocional, campo físico vulnerável à instalação de agentes microbianos degenerativos, perturbações psíquicas lamentáveis, que se transferem de uma para outra existência corporal, como fruto da *Lei de Causa e Efeito*.

Todo o esforço, portanto, para ter preservada a mente da invasão de ideias portadoras de energias desequilibrantes, torna-se psicoterapia preventiva, responsável pela vida sã.

Vida: desafios e soluções

OBSESSÕES

Toda fixação indevida nos processos mentais e emocionais em torno de pessoas, fatos e coisas converte-se em estado perturbador do comportamento, empurrando o indivíduo para os transtornos de ordem neurótica assim como psicótica.

Esses procedimentos, que podem preceder à existência atual, como surgir durante a vilegiatura do momento, decorrem das ambições desmedidas, dos desregramentos comportamentais, dos anseios exagerados que afetam o *metabolismo cerebral*, propiciando a produção descompensada de enzimas que afetam a harmonia do sistema nervoso em geral e do comportamento em particular.

À medida que constituem imperativo dominador, tornam-se obsessões que passam a inquietar o indivíduo, levando-o a estados mais graves na área da saúde mental. Surgem, então, as obsessões compulsivas, os estados de fragmentação da personalidade a um passo da degeneração do comportamento. Outras vezes, trata-se de fenômenos que procedem de outras existências, nas quais o Espírito malogrou, sendo objeto de conflitos profundos ou de circunstâncias agressivas que lhe danificaram os equipamentos perispirituais, ora modeladores das ocorrências doentias.

Paralelamente, em razão de condutas extravagantes, no campo da Ética e da Moral, das ações mentais e comportamentais, aqueles que se lhes fizeram vítimas, embora vivendo em outra dimensão, na Esfera espiritual, sintonizam com o responsável pela sua desdita e dão curso a perseguições, ora sutis, ora violentas, no campo psíquico, e se instalam outros tipos de obsessão. Essas, portanto, de origem espiritual, em face da presença de faculdades mediúnicas no paciente, que passa a sofrer constrangimentos mais diversos, até derrapar nos abismos da alucinação, do exotismo, das alienações mentais.

Ninguém foge da própria consciência, que é o campo de batalha onde se travam as lutas da reabilitação ou os enfrentamentos da regularização de atitudes malsãs.

Por isso, ainda são o controle mental e a educação do pensamento que podem representar a eficiente terapia de prevenção de distúrbios, como a curadora para os processos de ordem espiritual, desde que alterando a faixa vibratória por onde transitam as ideias, se superiores, eleva-se, ficando indene à sintonia com os seres atrasados, e, se negativas, passando a frequentar os níveis onde se encontram e se digladiam as energias e sentimentos em constante litígio, vinculando-se a essas emissões deletérias, que terminam por afetar o organismo físico e os complexos mecanismos mentais, responsáveis pelo conjunto produtor da saúde.

As obsessões que resultam de traumas psicológicos, de conflitos de profundidade, de insuficiência de enzimas neuronais específicas, surgem também da interferência das mentes dos seres desencarnados, interagindo sobre aqueles aos quais são direcionadas, em processos perversos de vingança.

A saúde exige cuidados específicos que lhe podem e devem ser dispensados, a fim de manter-se inalterada, ou, quando afetada, esforços especiais para reconquistá-la sob orientação especializada na área médica, tanto quanto direcionamento espiritual, a fim de realizar o seu mister, que é auxiliar o Espírito encarnado na sua viagem celular, temporária, a caminho da plenitude que pode ser antevista na

Vida: desafios e soluções

Terra, porém, somente desfrutada depois da reencarnação, quando os implementos corporais sujeitos ao mecanismo degenerativo da própria matéria não mais se encontrem sob os imperativos da *Lei de Entropia* e da fragilidade de que é constituído.

2

SIGNIFICADO DO SER EXISTENCIAL

OBJETIVOS DA VIDA HUMANA. CONFLITOS PESSOAIS. MITOS, ILUSÃO E REALIDADE.

OBJETIVOS DA VIDA HUMANA

Ninguém se encontraria reencarnado na Terra, não tivesse a existência física uma finalidade superior. O ser é produto de um largo processo de desenvolvimento dos infinitos valores que lhe dormem em latência, aguardando os meios propiciatórios à sua manifestação. Etapa a etapa, passo a passo, são realizados progressos que se fixam mediante os hábitos que se incorporam à individualidade, que resulta do somatório das vivências das multifárias reencarnações.

Erros e acertos constituem recursos de desdobramento da consciência para os logros mais grandiosos da sua destinação, que é a de natureza cósmica, quando em perfeita sintonia com os planos e programas do Universo.

Passando o *princípio inteligente* por diversos patamares do processo da evolução, fixa todas as experiências que lhe constituem patrimônio de crescimento mental e moral, atravessando os períodos mais difíceis e laboriosos da fase inicial, para alcançar os níveis de lucidez que o capacitam à compreensão e vivência dos Soberanos Códigos que regem o Cosmo.

No período *do pensamento primário* tudo é feito mediante automatismos dos instintos, preservando os fenômenos inevitáveis da vida biológica, de modo a poder desenvolver as faculdades do discernimento sob a força do trabalho brutal, suavizando a própria faina com o esforço das conquistas operadas. Nesse ser primitivo as esperanças cantam as expectativas das glórias futuras. Ele olha o zimbório estrelado e não entende as *lanternas mágicas* rutilando ao longe, que lhe parece próximo.

A saga da evolução é longa e, por vezes, dolorosa, deixando-lhe sulcos profundos, que noutras fases, sob estímulos inesperados dos sofrimentos, ressurgem como angústia ou violência, desespero ou amargura que não consegue explicar. Constituir-lhe-ão *arquétipos* a exercerem grande influência no seu comportamento psicológico durante várias existências corporais, assinalando-lhe a marcha ascensional. Mesclam-se, em cada personalidade proveniente das reencarnações, dando surgimento a algumas personificações parasitárias e perturbadoras, que constituem o capítulo das *personalidades múltiplas*, em forma de comportamentos alienados. A sua evolução psicológica é, também, a mesma antropológica, especialmente nos passos primeiros.

Avançando lenta e seguramente, aprendendo com as *forças vivas* do Universo, entesoura os recursos preciosos do conhecimento que lhe custou sacrifícios inumeráveis no longo curso das experiências, e agora se interroga a respeito da finalidade de todo esse curso de crescimento, descobrindo, por fim, que se encontra no limiar das realizações realmente plenificadoras e profundas, porque são as que signi-

Vida: desafios e soluções

ficam libertação dos atavismos remanescentes, ampliando as aspirações na área das emoções mais nobres, portanto, menos afligentes, aquelas que não deixam as sequelas do cansaço, da amargura ou do desânimo.

A criatura está fadada à felicidade, à conquista do Infinito, além das expressões do espaço.

A dor que hoje a comprime é camartelo de estimulação para que saia da situação que propicia esse desagradável fator de perturbação.

Compreendendo, por fim, a grandeza do amor, alça-se às cumeadas do trabalho pelo bem geral, empenhando-se na conquista de si mesma, do seu próximo, da vida em geral. Tudo quanto pulsa e vibra interessa-lhe, retira-a da pequenez e conduz à grandeza, trabalhando-lhe o íntimo que se expande e se harmoniza em um hino de confraternização com tudo e com todos, passando a fazer parte vibrante da vida.

Esse significado existencial somente é descoberto quando atinge um grau de elevada percepção da realidade, que transcende o limite da forma física, transitória e experimental que, todavia, pode e deve ser cultivada com alegria e saúde integral.

Não se creia, portanto, equivocadamente, que a finalidade primeira da conjuntura existencial seja viver bem, no sentido de acumular recursos, fruir comodidades, gozar sensações que se renovam e exaurem, alcançando o pódio da glória competitiva e todos esses equivalentes anelos do *pensamento mágico*, partindo para as aspirações fenomênicas e miraculosas dos privilégios e das regalias que não harmonizam o indivíduo com ele mesmo.

Certamente, na pauta dos objetivos e do sentido existencial constam as realizações sociais, econômicas, artísticas, culturais, religiosas, todas aquelas que fazem parte do mundo de relações interpessoais. Entretanto, não são exclusivas – metas finais das buscas e das lutas – desde que o ser transpõe os umbrais do túmulo e continua a viver, levando os seus programas de elevação gravados no imo profundo.

Lutar sem fadigas exaustivas por conquistar-se, superando-se quanto possível, enfrentando os desafios com alegria e compreendendo que são os degraus de ascensão diante dos seus passos – eis como incorporará ao cotidiano os objetivos essenciais do seu aprimoramento físico, emocional e mental.

CONFLITOS PESSOAIS

Nesse empreendimento de ascensão inevitável, o ser depara-se com as construções do seu passado nele insculpidas, que se exteriorizam amiúde, afligindo-o, limitando-o. Apresentam-se, essas fixações, como conflitos nas paisagens íntimas, ameaçando a sua realização, a alegria do trabalho, a harmonia da convivência com outras pessoas, transformando-se com facilidade em *complexos* perturbadores na área da emoção e do comportamento.

Não se podem negar os fatores responsáveis por tais distúrbios, a começar pelos comportamentos da gestante, afetando o ser na vida intrauterina e culminando com a convivência em família, particularmente com pais dominadores, mães castradoras, neuróticas, que transferem as suas inseguranças e todos os outros conflitos para os filhos em formação, que se tornam fragilizados sob a alta carga de tensões que se veem obrigados a suportar. Por outro lado,

Vida: desafios e soluções

as pressões sociais e econômicas, culturais e educacionais se transformam em gigantes apavorantes que passam a perseguir com insistência o educando, que absorve esses fantasmas e não os *digere*, vindo a temê-los, a detestá-los e a conduzi-los por toda a existência, quando não recebeu conveniente tratamento. É certo que o Espírito renasce onde se lhe torna melhor para o processo da evolução. Como, todavia, ninguém vem à Terra para sofrer, senão para reparar, adquirir novas experiências, desenvolver aptidões, crescer interiormente, todos esses empecilhos que defronta fazem parte da sua proposta de educação, devendo equipar-se de valores e de discernimento para superá-los e, livre de toda constrição restritiva à sua liberdade, avançar com desembaraço na busca da sua afirmação plenificadora.

Esta é, sobretudo, a função da Psicologia, ao penetrar o âmago do ser, para o desalgemar dos conflitos e heranças infelizes que lhe pesam na economia emocional.

Sigmund Freud, o insigne *Pai da Psicanálise*, afirmava com razão muito pessoal que, *na raiz de todo conflito neurótico, sempre existe um problema da libido*. Não se pode descartar essa manifestação recalcada da libido, nos diversos comportamentos perturbadores que afetam a criatura humana. Isso porque, remanescente das suas experiências coevas, o ser renasce sob as injunções das condutas pelas quais transitou.

No *complexo de Édipo*, por exemplo, detectamos uma herança reencarnacionista, tendo em vista que a mãe e o filho apaixonados de hoje foram marido e mulher de antes, em cujo relacionamento naufragaram desastradamente. No *complexo de Electra*, deparamos uma vivência ancestral entre esposos ou amantes, e que as Soberanas Leis da Vida voltam a reunir em outra condição de afetividade, a fim de que sejam superados os vínculos anteriores de conduta sexual aflitiva.

Esses *amantes* reencontrando-se e guardando no inconsciente, isto é, no Espírito, as reminiscências das atividades vividas sob tormentos sentem os apelos de ontem reaparecerem vibrantes e, não possuindo uma forte conduta moral, derrapam nas relações incestuosas, portanto infelizes.

Mesmo nos *complexos de inferioridade* como nos de *superioridade* ressurge o passado espiritual dominador, provocando os estados mórbidos, que levam ao desequilíbrio, a um passo da alienação mental. Não deixamos de ter em vista os fatores familiares, educacionais, sociais, que pesam na manifestação dessas perturbações, constituindo-se estímulos ao seu surgimento, piorando as tendências inquietadoras, sulcando a psique de forma poderosa.

Nos quadros *fóbicos*, podemos encontrar Espíritos que conduzem, no íntimo, pavores que sobreviveram ao fenômeno biológico da reencarnação, cicatrizes do *mundo espiritual inferior* por onde transitaram, ou do despertamento na sepultura, em face das mortes aparentes, havendo desencarnado, em consequência, por falta de oxigênio, e que reexperimentam o tormento que começa na *claustrofobia*. Outrossim, as recordações de cenas apavorantes de que participaram na multidão como vítimas ou desencadeadores, revivem-nas, inconscientemente, na *agorafobia*.

Nas *psicoses depressivas* de vária manifestação, convém lembrar a presença da *consciência de culpa*, que preexiste ao corpo, portanto, à formação psicológica atual, produzindo mecanismos de fuga à ação dinâmica, sob o império, não

Vida: desafios e soluções

poucas vezes, de enzimas neuroniais responsáveis pelo desajuste, como de fatores causais próximos e mesmo de obsessões espirituais, que se fazem atuantes no *comércio mental* com as criaturas humanas.

Nesse capítulo, as dolorosas *obsessões compulsivas* têm suas raízes patogênicas em graves condutas do Espírito nas existências pretéritas, assinaladas pelo descaso à dignidade humana, por desrespeito às leis constituídas...

Quando a educação tiver como objetivo a construção do homem integral, os fatores de perturbação cederão lugar a outros tipos de estímulos, que são os edificadores da esperança, mantenedores das aspirações elevadas, no esforço para a superação das heranças doentias que cada um traz em si mesmo.

MITOS, ILUSÃO E REALIDADE

Quando a criança não consegue amadurecer psicologicamente após o período de desenvolvimento do seu *pensamento mágico*, transfere aquelas construções para todas as fases da sua existência física, mantendo-se um indivíduo mendaz, que se refugia na *criatividade imaginativa* para liberar-se da responsabilidade dos atos imaturos. Essa conduta igualmente tem suas raízes profundas no *arquétipo* herdado do homem ancestral que viveu o processo de evolução pensante e deixou fixadas no inconsciente coletivo as *marcas* do trânsito por aquele período.

Entretanto, a conduta de pais dominadores, que se sentem compensados pelo amor em carência, com a bajulação e a sujeição da prole, impõe que a fase mítica permaneça na estrutura da personalidade infantil, vendo, inclusive, nos filhos, mesmo adultos, os seres em formação que gostariam de continuar dirigindo. Trata-se de um conflito que se transfere de uma para outra geração, cada vez com resultados mais danosos.

A falta de honestidade do adulto para autoanalisar-se e assumir a coragem de libertar-se de todos os impedimentos e amarras, que o detém nas fixações do passado, responde por condutas de tal natureza.

A sua insegurança íntima produz o ditador que se cerca de leis injustas e atos arbitrários, de guardas ferozes e cuidados especiais, intimidando, destruindo e fazendo-se detestado como forma de sentir-se realizado. No ódio que lhe votam as vítimas, ele sente-se homenageado, porque temido, transferindo os seus medos em relação a tudo e todos para os demais em relação à sua pessoa.

Os *mitos*, que remanescem do período infantil ou da falta de maturidade do adulto sob a ação de arquétipos específicos, trazem de volta à consideração os velhos conceitos em torno de *deuses, semideuses, magos, fadas, fantasmas, crendices,* como formas de aguardar proteção em deidades superiores, que chegarão magicamente para o salvar da *maldade humana, da sociedade injusta, dos amigos infiéis...*

O pavor que lhe infundia o pai, ao alcançar a idade da razão, transfere-o para Deus, que reflete a imagem detestada do genitor físico, ou para os deuses mais terríveis que a imaginação concebeu nos períodos anteriores da cultura mais primitiva. A mãe arbitrária *construirá* no inconsciente a bruxa má, invejosa, que será vencida pela interferência da fada madrinha.

Os conflitos da afetividade no lar inspirarão a confiança em um amor romântico, estilo medieval, que virá arrancar a vítima do encarceramento emocional em que sofre

Vida: desafios e soluções

solidão e desconforto. O mestre mesquinho e perverso que mais se compraz em intimidar que em ensinar, estrutura, no psiquismo do educando, o invasor sem alma que lhe penetra o castelo existencial para destruir, sob pretexto de amizade e ajuda.

Soterrados, mas não mortos, os *mitos* estão nos alicerces do inconsciente, sempre prontos a tomarem de assalto a casa mental e o campo psicológico, levando o indivíduo a fugas ocasionais por intermédio dos sonhos acordados, da fertilidade imaginativa.

A vida, para essas pessoas, passa a ter o seu lado de realidade e plena, embora todas as suas aspirações estejam centradas no mundo do encantamento, certas de que, em um momento ou outro, tudo se alterará e viverão felizes para sempre.

Essa ilusão de que a vida física é o todo, a proposta essencial do existir, produz terríveis conflitos, porque, confiando com total dedicação no mundo material, as próprias injunções do desenvolvimento do ser apresentam-lhe a fragilidade estrutural em que se apoia, e isso produz-lhe desencanto, dor e desfalecimento nos ideais.

A crença firmada na ilusão de que tudo é duradouro, senão eterno, no mundo terrestre, propicia o choque com a realidade dos fenômenos das transformações incessantes, que ocorrem por força da própria transitoriedade da matéria e de tudo quanto ela se reveste.

O ser profundo é resistente às situações da mudança das ocorrências humanas ou fenomênicas do *habitat*, construído de energia pensante, que independe dos fatores transitórios do corpo somático, a ele preexistente e sobrevivente, portanto uma realidade que vence tempo e espaço, avançando sem cessar.

Os fatos que o demonstram resistem às teses que se lhe opõem e apresentam os resultados filosóficos e psicológicos dos seus conteúdos de segurança.

Transitar da ilusão para a realidade é imperativo para a aquisição da harmonia pessoal, da felicidade íntima.

Buscar o apoio do conhecimento, a fim de discernir o que é ilusório e o que é verdadeiro, o que tem estrutura resistente ao tempo e às transformações culturais e aquilo que apenas engoda, oferece ensejo de amadurecimento psicológico, de realização interior.

Com essa determinação, os apegos perturbadores, os ciúmes injustificáveis, as angústias da ansiedade sem sentido, as decepções infantis ante os acontecimentos normais do desenvolvimento dos fenômenos cedem lugar à libertação de pessoas, coisas e prazeres que, embora sejam motivação para viver, não constituem a única razão da vida.

São realidades inalienáveis as ocorrências do nascimento e da morte, da velhice e das doenças, porque fazem parte dos mecanismos da vida física. Tornar mais aprazíveis os dias vividos no corpo, eliminar os fatores de perturbação que tornam a existência insuportável, às vezes, fundamentar o conhecimento por meio das experiências são opções ao alcance de toda pessoa lúcida, que pode conseguir o desejado através do esforço empregado para tanto.

Prolongar a existência física é factível, não, porém, indefinidamente, por motivos óbvios. Sendo inevitável a morte própria ou dos seres amados, enfrentá-la com serenidade é um sentido de vida normal, que não deve surpreender, nem magoar.

Vida: desafios e soluções

Aceitar os indivíduos como são, eliminando a hipótese de que são perfeitos, *deuses ou semideuses* do panteão da ilusão, funciona como termômetro para o equilíbrio da emoção em torno da realidade da vida humana. Nem paixão, nem abandono diante da vida, mas consciência de como bem viver no relativo tempo terrestre.

3

FATORES DE INSEGURANÇA

A CRIATURA ASTUTA. NECESSIDADE DA MENTIRA.
AFETIVIDADE CONFLITIVA. APOIOS INEFICAZES.

A CRIATURA ASTUTA

Com variações, narram os mitólogos gregos que a cidade de Corinto, quando em determinado período era governada por Sísifo, apresentava-se árida e desprovida de fontes de recursos para a própria manutenção.[2]

O rei mitológico, para a preservação da cidade e do seu povo, mantinha um verdadeiro exército de *assaltantes* que atacavam os viajantes imprevidentes, que se viam obrigados a passar pela região demandando outras áreas.

Graças à astúcia de que era constituído, estava sempre informado das ocorrências locais e também das acontecidas no Olimpo.

Tomou conhecimento, graças aos seus espiões, de que o deus Asopo andava desesperado porque sua filha Egina desaparecera sem deixar vestígio e estava oferecendo fortuna

---

2. Vide o nosso livro *Desperte e seja feliz.* Capítulo 24 – Inteireza moral. Editora LEAL (nota da autora espiritual).

e fertilidade a quem desse informação que levasse à jovem raptada.

Sísifo, mui astuciosamente, conseguiu saber do paradeiro da moça e, buscando-lhe o pai, prometeu dizer onde ela se encontrava, se ele cumprisse a promessa de compensar aquele que o auxiliasse a encontrar Egina. Confirmando o que estabelecera, Asopo soube que fora Zeus quem a raptara e a mantinha em cativeiro.

O pai angustiado procurou o supremo deus e exigiu-lhe a entrega da filha. Sem poder negar-se à solicitação, Zeus devolveu-lha com a condição de saber quem o delatara, o que Asopo informou sem rebuços.

Tomando conhecimento do fato, Zeus enfureceu-se e mandou a Morte buscar Sísifo.

O astuto, que pensara haver solucionado o problema da sua terra e do seu povo, que passaram a ter águas em abundância, com a sua atitude gerou um novo desafio, que era enfrentar a detestada encerradora de destinos. Acreditando-se, no entanto, invencível na astúcia, quando a Morte chegou, elogiou-a, informando que desejava homenageá-la com um colar especial que havia reservado para aquele momento. No entanto, solicitava o prazer de adorná-la ele próprio. Envaidecida, a Morte aceitou o gesto do rei e, quando este lhe pôs o adorno, reteve-a, porquanto se tratava de uma coleira habilmente disfarçada em colar. A Morte ficou encarcerada, e ele acreditou-se livre de futuras injunções, assim vencendo Zeus.

Outros deuses, no entanto, como Hades, soberano dos infernos, e Ares, responsável pela guerra e pela morte, procuraram o supremo deus e levaram-lhe ásperas queixas. Com o aprisionamento da Morte, os infernos estavam sem

Vida: desafios e soluções

população nova e as guerras foram interrompidas. Exigiam, dessa forma, que ela fosse libertada e Sísifo viesse trazido a julgamento.

Dessa vez, Zeus enviou Hermes, que não teve dúvida em apresentar-se ao astucioso e impor-lhe a viagem postergada. Colhido de surpresa, o rei pediu licença para despedir-se da mulher e, ao fazê-lo, sussurrou-lhe ao ouvido que, após a sua morte, não lhe deixassem sepultar o cadáver, porque ele pretendia regressar. Assim, mui prazerosamente seguiu Hermes à presença de Zeus, que havia reunido o Olimpo para o julgamento do ambicioso. Na oportunidade, diante de todos, antes que lhe fosse aplicada a sentença, Sísifo solicitou a Zeus que o deixasse retornar à Terra, porque o seu corpo não houvera recebido as homenagens que são devidas aos reis, particularmente àqueles de procedência mitológica. Ademais, como se podia verificar, ele não se encontrava com o *eidolon* (corpo espiritual), exigindo, dessa forma, um retorno à Terra.

O soberano lhe concedeu a volta ao mundo e, quando retomou o corpo, sem demora, evadiu-se de Corinto com a mulher, a fim de fugir à fúria de Zeus. Certamente resolveu um novo desafio, no entanto gerou um problema muito mais grave, que iria defrontar posteriormente.

Instado pelos demais deuses a respeito da punição que deveria ser aplicada ao fujão, respondeu-lhes o soberano:

– *Mandarei agora um deus do qual ele não fugirá para sempre. Trata-se do Tempo* – e silenciou.

Sísifo fugiu quanto pôde, porém, à medida que o fazia, era tomado pela velhice, pelas enfermidades, até que a Morte veio buscá-lo.

Ao ser apresentado a Zeus, sem qualquer escusa, ouviu a pena que lhe estava reservada, por haver tentado burlar as leis, fugir à Justiça: deveria conduzir uma pedra de grandes proporções montanha acima, até colocá-la no acume. Para evitar diminuição de movimento no trabalho, quando lhe adviesse o cansaço, foi destacada uma Erínia para fustigá-lo com um bidente.

E até hoje, narram os mitólogos, Sísifo tenta conseguir o intento. Isso porque, ao chegar próximo à parte superior da montanha, a pedra escapa-lhe das mãos e volta ao piso, exigindo-lhe repetir a façanha, sem êxito, indefinidamente.

É bem o testemunho de advertência àqueles que estão sempre transferindo deveres e realidades, acreditando na própria astúcia. Supõem-se, todos quantos assim agem, que são muito espertos, enquanto os demais são estúpidos ou ingênuos.

Em realidade, astúcia não expressa inteligência, mas sim instinto de preservação da vida e dos jogos de interesses pessoais.

Todo indivíduo enfrenta desafios para crescer. A própria existência terrestre é um permanente convite ao esforço. A melhor solução para enfrentar problemas é tentar resolvê-los nas suas fontes, evitando-se as atitudes que os postergam, trazendo-os de volta mais complicados. O que não é feito hoje, amanhã estará, por certo, mais difícil de ser conseguido.

Quando se resolve mal um problema, ele dá surgimento a outro, que lhe é resultado, ou retorna mais desafiador. Por isso, somente as atitudes corretas, baseadas na honradez e na lealdade, conseguem resolver em definitivo as dificuldades e as ocorrências desagradáveis do percurso.

Vida: desafios e soluções

O indivíduo imaturo sempre adia soluções, na ilusão de que amanhã as possibilidades serão melhores do que as de hoje, fugindo ao enfrentamento com a consciência e o dever. Suas vitórias são conseguidas através dos mecanismos da deslealdade, da conduta incorreta, que lhes permitem sorrir da forma como ludibriam os demais. Em verdade, porém, enganam-se a si mesmos, porque o compromisso retorna-lhes sempre para a necessária regularização.

O amadurecimento psicológico propõe que cada atividade tenha lugar no seu momento próprio, e cada desafio seja atendido no instante correto, quando se apresente.

A autocompaixão diante dos problemas e a astúcia para fugir deles são mecanismos infantis que em nada os resolvem.

Problema solucionado significa patamar vencido e novo desafio de crescimento adiante, porque é assim a constante da vida humana em seu sentido de evolução.

NECESSIDADE DA MENTIRA

Os remanescentes da fase de mendacidade permanecem no adulto imaturo, levando-o ao prosseguimento da distorção da realidade, de modo que lhe agrade aos sentidos, gerando, inconsequente, situações vexatórias que o fazem sofrer e aos demais, após o que, liberado do que poderiam ser resultados infelizes, mesmo prometendo-se que não voltará a reincidir no vício, no condicionamento da mentira, repete a experiência desagradável.

A insegurança infantil está presente nesse indivíduo que se recusa ao crescimento, acreditando chamar a atenção utilizando-se desse instrumento de perturbação.

A mentira dever ser rechaçada sob qualquer forma em que se apresente, em face dos prejuízos morais que provoca, levando à maledicência, à calúnia e a todo um séquito de terríveis distonias psicológicas e éticas no comportamento social. O mentiroso é alguém enfermo, sem dúvida, no entanto provoca desprezo, em razão da forma de proceder, tornando sua palavra desacreditada mesmo quando se expressa corretamente, o que nem sempre acontece. De tal forma se lhe faz natural alterar o conteúdo ou a apresentação dos fatos, que os revela de forma irreal, esperando manipular pessoas através desse ignóbil ardil.

As raízes da mentira estão no lar malformado, instável, onde a insegurança era substituída pela *compra* dos valores que a fantasia disfarça. Além desse fator, os conflitos da personalidade induzem ao comportamento da fantasia, em fuga neurótica da realidade, que constitui ao paciente um verdadeiro fardo, que não gosta de enfrentar. As coisas e os acontecimentos para ele devem ser coloridos e sempre bons. Assim, quando não ocorre, o que é normal, apresenta-se-lhe assustador, parecendo ameaçar-lhe a paz e levando-o ao mecanismo da falsificação do acontecimento.

Tornou-se tão habitual o fenômeno da distorção dos fatos, que se criou a imagem da chamada *mentira branca*, isto é, aquela de caráter suave, que não prejudica, pelo menos intencionalmente, e evita situações que se poderiam tornar desagradáveis, caso fosse dita a verdade.

A face da verdade é transparente e nunca deve ser ocultada. Na História da Humanidade, as grandes lições sempre foram apresentadas de forma poética, simulada, velada, a fim de sobreviverem aos tempos e terem o seu significado interpretado conforme os parâmetros de cada

Vida: desafios e soluções

época, em todos os séculos, como o Vedanta, a Bíblia, o Zend-Avesta, o Corão, para nos referirmos a apenas alguns dos grandes Livros espirituais, passando pela literatura de Homero, de Virgílio, de Ovídio, de Horácio, de Dante.

São assim os contos, as suras, as parábolas, as estórias, os *koans*...

Apesar da forma, a verdade ressalta no conteúdo dessas narrativas, levemente escondida, de modo a preencher o entendimento daqueles que as ouviram dos seus autores, bem como tornar-se fácil narrá-las à posterioridade, que delas todas se vem beneficiando no transcurso dos milênios.

Há, quase sempre, nos indivíduos, uma reação psicológica contra a verdade. Deseja-se sempre ouvi-la, porém, como se assevera popularmente, *dourando-se a pílula*, isto é, escamoteando-a. Certamente, não se deve zurzi-la como um látego, que é uma forma neurótica de agir, de impor-se com a *sua* verdade, ferindo e, dessa maneira, sentindo-se triunfante, em mecanismo perturbador de falsa superioridade moral. Todo aquele que assim procede é portador de grave complexo de inferioridade inconsciente, que se exibe como autoridade e *fiscal* da fragilidade humana.

A verdade deve ser ministrada com naturalidade, suavemente, sem alarde, sem imposição, mas também sem ser falseada, sem perder a força do seu conteúdo.

O mentiroso desculpa-se, incidindo no erro e acusando as demais pessoas, que parecem não o entender, fugindo à responsabilidade das suas informações alteradas.

Uma disciplina e vigilância rígida na arte de falar, procurando repetir o que ouviu como escutou, o que viu conforme ocorreu, evitando traduzir o que pensa em torno do assunto, que não corresponde à legitimidade do fato, são de vital importância para o encontro com a realidade.

A terapia da boa leitura, dos hábitos saudáveis no campo moral, sem pieguismo nem autocompaixão, produz resultado relevante e reajusta o indivíduo à harmonia entre o que pensa, vê, ouve e fala.

Não há, portanto, necessidade de mentir, e quando isso ocorre, defronta-se um distúrbio de comportamento que precisa ser corrigido.

A filosofia budista, entre outros ensinamentos nobres, mostra as sete linhas da conduta saudável, estabelecendo os itens ideais do bem proceder, dos quais destacamos apenas: pensar corretamente, falar corretamente, agir corretamente...

No pensamento, portanto, tem lugar o planejamento de tudo. Dessa forma se deve pensar com correção, falar com correção, de modo a se poder agir com correção.

Por isso, a vida familiar deve ser um lugar de segurança emocional, de realização total e não o reduto onde se vão descarregar o mau humor e as tensões do cotidiano.

Uma criança de sete anos indagou à sua genitora, profissional de televisão, por que ela sempre se apresentava sorrindo na tela do aparelho, enquanto que em casa estava sempre aborrecida e enfezada. Surpreendida com a indagação, a senhora respondeu que, na televisão, ela ganhava para sorrir. Diante da resposta, a filha, que a amava, indagou-lhe, esperançosa: – *E quanto a senhora quer ganhar para sorrir também em casa?*

Os filhos são mais do que reproduções do corpo. Trata-se de Espíritos atentos, necessitados uns, preparados outros, para seguirem adiante e construírem o mundo do

Vida: desafios e soluções

futuro. Todo o cuidado que lhes seja dispensado é sempre de resultado feliz.

AFETIVIDADE CONFLITIVA

Entre as condutas perturbadoras, convém seja destacada a afetividade conflitiva como de relevância, apresentada pela criatura humana que, desajustada emocionalmente, expressa todos os seus tipos de realizações mediante estados de desequilíbrio, gerando novas ansiedades, insatisfações e desajustes.

A carência afetiva e a insegurança normalmente produzem comportamentos antinaturais, instáveis, que chamam a atenção de forma desagradável.

Confundindo afetividade com paixão, o paciente transfere o seu potencial de irrealizações para o ser elegido e propõe-se a dominar-lhe a existência, utilizando-se de ardis variados, através dos quais, sentindo-se sem valor para receber amor, tenta conquistar piedade, simpatia, fazer-se necessário, isolando o afeto de outros relacionamentos e atividades, de forma a estar sempre presente e tornar-se um misto de servo e amante ao alcance da mão.

As suas manifestações de afetividade são egoísticas, insaciáveis, derrapando no ciúme doentio, que assevera ser demonstração de amor, destruindo a espontaneidade das atitudes na convivência. Mesmo que amado, desconfia dessa possibilidade, afirmando ser do outro um sentimento de compaixão e não um amor cheio de arrebatamento e de profundidade.

Sempre almeja dedicação exclusiva até o asfixiar da pessoa escolhida, que perde a personalidade sob o jugo implacável desse algoz afetivo.

Não obstante consiga conquistar alguém, não é capaz de mantê-lo, porque sempre aspira a mais, a ponto de tornar insuportável o convívio, fugindo para a autodestruição psicológica. Suas maneiras são artificiais, sua preocupação única é cercar o ser querido com demonstrações cansativas do que diz ser o amor que devota, não compreendendo que o outro tem inquietações próprias e anseios diferentes dos seus, e nem sempre está disposto a suportar a asfixia que lhe é imposta.

A criatura nasceu para ser livre, e, por isso mesmo, o amor é sentimento que liberta, proporcionando paz e alegria. Quando manifestado por exigências descabidas, deperece e morre. O amor tem infinita capacidade de compreender e de tolerar, de ser franco e honesto, nunca diminuindo, quando em dificuldades, por dispor de recursos nobres para eliminar os impedimentos e incompreensões.

Um relacionamento saudável é feito de diálogos e coerência de comportamentos, de lealdade na forma de ser e autenticidade na maneira de viver, de tal forma que a presença do outro não inibe, antes agrada, preenchendo os espaços sem as imposições habituais de tomá-los. A pessoa nem sequer se dá conta de como o outro ser é-lhe importante, até o momento em que lhe sente a ausência, experimentando a profundidade afetiva e o significado daquele a quem ama.

Quando a afetividade se apresenta através de uma pessoa insegura, torna-se tormentosa, cansativa, e aquele que parece amado sente-se bem quando longe do seu *con-*

Vida: desafios e soluções

trolador emocional. Por sua vez, o atormentado olha todos quanto estimam o seu elegido como adversários ou competidores, invejosos ou dificultadores da sua plenificação e felicidade.

As raízes dessa conduta estão na infância solitária, maltratada, que foi vivida conflituosamente e transferiu para o futuro as aspirações de dominação para *ter*, em vez da afirmação pessoal para *ser*.

Na fase infantil, sentindo-se desamada, a criança chamava a atenção pelo choro, pela insubordinação, pelo fingimento, que transferiu para a idade adulta, dissimulando o que pensa e o que faz, em razão dos recursos mentais de que dispõe.

A libido funciona, nesses casos, sob estímulos equivocados, quando o indivíduo passa de um estado de posse ao de perda, agigantando-se e desejando o outro, submetendo-se a situações humilhantes, desagradáveis, sem importar-se, desde que atenda o *ego* em angustiosa desesperação.

Quase nunca relaxa quem assim se comporta, vivendo de suspeitas e procurando *provas* do que pensa, por isso exigindo sempre mais abnegação, paciência e demonstrações de amor que espera receber, sem satisfazer-se.

Essa afetividade patológica requer terapia cuidadosa, a fim de o paciente adquirir a tranquilidade perdida e a autossegurança, necessárias para poder amar sem conflitos.

Quanto mais a pessoa tentar ignorar que esse é um comportamento irregular, tanto mais difícil se lhe torna a convivência com as demais criaturas, particularmente quando manifesta a tendência para ser vítima, transferindo a culpa do que lhe ocorre para as demais pessoas.

A coragem para assumir responsabilidades e reconhecer a urgência, em favor de uma terapia conveniente para o seu conflito, já é um passo significativo para o seu processo de cura.

APOIOS INEFICAZES

Procurando fugir da realidade, o paciente portador de insegurança e que vive experiências perturbadoras, não poucas vezes recorre a mecanismos de apoio, a fim de evitar o enfrentamento com a própria consciência, sendo, por isso mesmo, vítima de transtornos comportamentais que vitaliza sistematicamente, por escassear-lhe o discernimento para o que é correto, razão pela qual a sua é uma conduta patológica.

A postura de vítima constante é uma das suas características, refugiando-se nesse esconderijo em busca de compaixão e de justificação para todos os seus desequilíbrios. Torna-se enfadonha, cansativa para os demais, a sua forma de apresentar-se sempre incompreendido, sem o menor esforço para compreender, tomando postura de responsabilidade dos atos.

Noutras vezes, passa de vítima a acusador inconsequente, vendo o que lhe apraz e nunca identificando o que realmente acontece, complicando mais a situação em que se encontra.

Tem grande preocupação em conseguir aderentes desinformados para a sua área, usando recursos infantis ou perversos como a calúnia, a infâmia, a maledicência, desde que resultem ônus favoráveis para os objetivos que persegue.

Vida: desafios e soluções

A dissimulação é atitude habitual, variando de um para outro estado, de forma que se apresente com aparência jovial ou inocente, infeliz ou amargurada, a depender da circunstância e do objetivo que tem em vista. Esse paciente recorre a esses apoios, que são ineficazes, por causa da sua personalidade infantil, sem desenvolvimento emocional, ingenuamente acreditando que, na falta de coragem para viver integralmente conforme as ocorrências, a sua existência deve transcorrer em plano de fantasia e irrealidade.

O ser psicológico maduro enfrenta desafios e vence-os com naturalidade, sem pressa, confiando no próprio crescimento e nos recursos de que possa usufruir na convivência social. Quando se fragiliza, para, reflexiona e recomeça, procurando fortalecer-se na própria luta, evitando fugir, porquanto esse recurso não leva a nada.

Já o indivíduo imaturo não se enfrenta, nem a ninguém enfrenta, utilizando-se de mecanismos especiais para evitar definições, assumir compromissos e cumpri-los. Outras vezes, tem facilidade para comprometer-se, como forma de postergar decisões e soluções, transferindo, porém, sempre, a realização.

Serão necessários muitos esforços do paciente para libertar-se dessa tendência de recorrer a apoios ineficazes, porquanto perigosos, resolvendo-se pelas atitudes definitivas, mesmo que a preço de esforço e luta. Em qualquer situação, ser-lhe-á sempre exigido o trabalho. Que o seja, portanto, quando para o êxito e não para transferência; para o momento, em vez do futuro; para a verdade e a libertação, em detrimento da fantasia e da ilusão que se dissipam, deixando-o no ar, em maior insegurança emocional e real.

4

ENERGIAS DA VIDA

HÁBITOS MENTAIS. FRUSTRAÇÕES E DEPENDÊNCIAS. SENSAÇÕES E EMOÇÕES. VIDA INTERIOR.

HÁBITOS MENTAIS

A vida biológica, em si mesma, é resultado de automatismos, funcionando com harmonia desde que os equipamentos orgânicos se encontrem em ordem. Obedecendo ao ritmo cardíaco e às reações cerebrais, todos os fenômenos apresentam-se repetitivos, previsíveis, dentro dos atavismos ancestrais. Sujeita aos fatores mesológicos, alimentares nutrientes, no primeiro período da existência física transcorre sem alterações, marchando inexoravelmente para a fatalidade do seu desenvolvimento.

A vida mental se inicia por vislumbres e percepções à medida que o Espírito se assenhoreia dos equipamentos do cérebro, que lhe decodificam as ondas do pensamento. Dos impulsos iniciais, instintivos, até a compreensão cósmica e toda uma larga experiência, abre as comportas da comunicação, para tornar-se lógico, antes de alcançar a etapa superior, que é a identificação com a Consciência Divina.

O ser humano, vitorioso nas etapas anteriores pelas quais passou, ao atingir o momento da razão, traz, ínsitos nos refolhos das fixações da aprendizagem intelectual, os hábitos mentais. São eles que passam a dirigir a sua conduta, porque toda a programação existencial começa no pensamento.

É de alta relevância considerar essa questão, porquanto no pensamento estão as ordens do que se deve realizar e como proceder à sua execução. Deixando-se conduzir pelas manifestações primitivas, habituais, repetem-se, sem resultados positivos, os labores que mantêm o ser no estágio em que se encontra, sem o valor moral para alcançar novos patamares do processo da evolução.

Desde que no pensamento está a diretriz da conduta, pensar corretamente deve constituir o grande desafio de quem almeja o triunfo.

Em decorrência das vivências anteriores, ficaram mais profundamente marcados os pensamentos de dor, de angústia, de pessimismo, em razão da sua força desequilibradora. São essas evocações inconscientes que primeiro assaltam a *casa mental* do indivíduo no seu cotidiano.

Vinculado aos mecanismos repetitivos da conduta sofredora, ele mantém as tendências para o masoquismo, cultivando, sem dar-se conta, os hábitos mentais geradores de conflitos e de padecimentos.

Constrói a ideia, e sofre-a, de que tudo sempre lhe há de sair mal, não se esforçando para que as suas tentativas de mudança se coroem de resultados positivos. Preserva conceitos destrutivos a respeito das pessoas, coisas e acontecimentos, alimentando a fonte das irradiações mentais de cargas pesadas quão degenerativas, que lhe impossibilitam o direcionamento correto, franco e saudável, que recarrega de energias realizadoras os centros da vontade então viciada.

Vida: desafios e soluções

Tornando-se vítima espontânea desse pessimismo, que sustenta no campo das ideias, estabelece padrões negativos a respeito de situações e pessoas, não alterando a forma de pensar nem de agir, assim vivendo sob o estigma do mau humor, das insinuações malsãs, da *falta de sorte*, em que se refugia a fim de evitar a luta necessária para o êxito. Os seus *clichês* mentais sobrepõem-se a todas as visões de limpidez psíquica a respeito da vida e das demais criaturas, tornando-se a sua existência um caos psicológico, por falta exclusiva do desejo de alterar a forma de pensar e de ser.

Desde que todas as expressões do evoluir dependem do pensamento, porque dele provêm, é fácil pensar de forma variável, substituindo aquele que seja incorreto por outro que pareça favorável. Como a pessoa poderá dizer que não sabe discernir qual o ideal daqueloutro que é pernicioso, basta que faça uma avaliação do que lhe constitui *bengala* para sustentar o já experimentado e perturbador, passando a novo tentame de construção diferente.

A princípio, a acomodação levará o indivíduo a repetir-se e a não acreditar no êxito da experiência em formação. Cabe-lhe, nesse caso, insistir e perseverar, abrindo novo espaço no campo mental viciado, *plantando* as sementes novas do otimismo e da esperança, a fim de sair do estado doentio. Logo depois, é imprescindível começar a valorizar tudo quanto se encontra à sua volta, estabelecendo novos padrões de compreensão, assim libertando-se das construções negativas-pessimistas.

O novo hábito se irá implantando lentamente no subconsciente até tornar-se parte integrante do comportamento.

Pensar bem ou mal é uma questão de hábito. Toda vez que ocorrer um pensamento servil, doentio, perverso,

55

malicioso, injusto, de imediato substituí-lo por um digno, saudável, amoroso, confiante, justo, sustentando-o com a onda de irradiação do desejo de que assim seja realizado. O que se pensa, torna-se realidade, como é natural. Eis por que, pensar e agir são termos da mesma equação existencial. Primeiro pensar, para depois atuar, a fim de que não venha a agir antes, arrependendo-se quando passe a reflexionar.

As construções mentais superiores, que produzem os hábitos saudáveis, renovam-se e crescem no ser, originadas do Espírito que as capta do Pensamento Divino, de onde procedem todas as forças da edificação e da realização total.

Frustrações e dependências

O indivíduo está sempre no momento presente, que é o seu instante decisório. O passado, por isso mesmo, não pode servir de parâmetro, senão para aprender como não repetir os erros, pois que é *irrecuperável*, no entanto, reparável. Nada existe que possa ser recuperado na área moral comprometida, no entanto, desde que haja interesse real, poderá ser corrigido. Assim, é negativo manter saudades do já ocorrido, sentir-se frustrado pelo que gostaria que houvesse sucedido mas não aconteceu, ou arrependido em profundidade pelo insucesso de que foi objeto.

Tais sentimentos não podem modificar as consequências desencadeadas no pretérito, no entanto, podem ser reformuladas as bases da ação que se repetirá em forma nova, assim modificando os futuros resultados. Eis por que se deve perdoar a tudo e a todos, igualmente proporcionando-se perdão a si mesmo, recompondo-se emocionalmente e recomeçando a tarefa onde ela se desencaminhou.

Vida: desafios e soluções

O homem psicológico saudável não vive de recordações, nem se atormenta com as aspirações. Portador de um presente enriquecedor, os seus movimentos atuais estão sempre voltados para as ações que o promovem, confiando, naturalmente, no futuro de forma natural, racional, sem inquietação, despido de ansiedade, vivendo integralmente cada instante do seu hoje.

Personalidades instáveis sentem-se frustradas facilmente em razão da falta de idealismo perseverante para se realizarem. Ambicionam em demasia ou a nada aspiram, deixando-se arrastar por estados melancólicos que cultivam, sem o competente esforço para saírem da situação doentia.

Inúmeros fatores contribuem para as frustrações pessoais, entre outros, os conflitos da libido não realizada, geradora de medos injustificáveis ou de melancolias carregadas de sombras; o convívio familiar insatisfatório, no qual as imagens dos pais mal-humorados e reclamadores produzem ansiedades e desejos de fuga da realidade inquietante; dificuldades de autorrealização, por decorrência de falta de iniciativa ou por pequenos insucessos que poderiam ser transformados em êxitos, se tivesse havido perseverança; inveja pelo triunfo das outras pessoas, muitas vezes logrado a grande esforço, que o paciente se recusa usar...

Todo o séquito de frustrações leva o indivíduo à dependência emocional, criando tabus, buscando amuletos para a *sorte madrasta*, tentando o *sobrenatural*, procurando soluções mágicas para o que poderá tornar-se um desafio ao alcance da vitória, na luta encetada.

Essa dependência se transfere das *crenças supersticiosas* para as pessoas que as devem carregar psicológica, física e economicamente, solucionando os seus problemas, resolvendo as suas dificuldades, que se renovam, por falta de decisão e reflexão para agir corretamente. Porque não encontram aqueles que estejam dispostos a suportar tão pesada carga, mais aumentam as suas frustrações, que adquirem estágio mórbido, levando aos transtornos psicóticos maníaco-depressivos.

Quando a pessoa considerar que se encontra na Terra, no momento, no lugar e com as pessoas certas, aquelas que lhe são necessárias para o próprio desenvolvimento, despertará da dependência infantil e da frustração debilitadora, recuperando a saúde comportamental através da renovação mental e das motivações atraentes para tornar a sua existência mais do que suportável, perfeitamente feliz.

O indivíduo deve aspirar ao máximo, que, mesmo não logrado, significa-lhe visão otimista do porvir, que o aguarda, permitindo-se então o que seja possível conseguir, sem produzir mecanismo frustrante ou dependência daqueles que o lograram.

Como o pensamento é a fonte geradora das aspirações, anelar pelo melhor, trabalhar por adquiri-lo, representa elevação e engrandecimento moral. Não se perturbar, todavia, quando isso não ocorra, é demonstração de maturidade e de equilíbrio que todos devem manter.

SENSAÇÕES E EMOÇÕES

A criatura humana é um feixe de sensações, resultado natural dos períodos primários da evolução, em trânsito para a realidade das emoções. As largas experiências vividas nas faixas primitivas do passado deixaram impressões

Vida: desafios e soluções

profundas que se tornaram prevalecente exigência no comportamento pessoal social e principalmente psicológico. Impulsos e reações fazem parte desse processo que estabelece os paradigmas da conduta, quando fora do crivo da razão.

Nesse estágio da vida, nutre-se emocionalmente das sensações objetivas, dos contatos com o mundo e suas manifestações, comprazendo-se no jogo desmedido do querer ter, longe da aspiração de ser.

Adormecida para as percepções mais sutis da existência, acumula coisas e compraz-se com elas até a saturação, quando se transfere para possuir pessoas, que não são fáceis de se deixar pertencer, produzindo choques emocionais, que desarticulam a planificação interior do ambicioso. Sentindo a frustração do desejo não transformado em prazer, amargura-se e rebela-se, fugindo, não poucas vezes, para as libações alcoólicas, o tabagismo ou para as drogas aditivas.

É lento o curso de mudança da faixa grosseira do imediatismo para as sutilezas da emoção dignificada. Nesse trânsito, é comum deparar-se com a fase da sensação-emotiva, quando há um descontrole no sistema nervoso e o excesso de emotividade domina-lhe as paisagens comportamentais. Não acostumado às expressões da beleza, da sinceridade, do amor, facilmente se deixa comover, derrapando no desequilíbrio perturbador, no entanto, passo inicial para o clima de harmonia que o aguarda.

O homem-sensação é exigente e possuidor, não se apercebendo do valor da liberdade dos outros, que pretende controlar, nem dos deveres para com a sociedade que se lhe não submete. Sentindo-se marginalizado, graças à hostilidade que mantém em relação a todos quantos se lhe não subalternizam, volta-se contra os estatutos vigentes e as pessoas livres, brutalizando-se e agredindo, pelos meios ao alcance, os demais.

Ao despertar a emoção, torna-se natural a valorização do próximo e da vida, o respeito pelos valores humanos e gerais, ao mesmo tempo em que trabalha em favor do progresso, que preza, ampliando os horizontes de entendimento e de realização interior.

A sensação é herança do instinto dominador; a emoção é tesouro a conquistar pelos caminhos da ascensão.

Quando desperta a consciência para a necessidade da emoção, a única alternativa que resta é a luta por alcançá-la. Esse empenho torna-se fácil quando o combate se inicia, facultando o encontro com a sua realidade, energia pensante que é e não somente grupo de células em departamentos especializados formando o corpo.

No período da emoção, o indivíduo não está isento das sensações, que lhe permanecem oferecendo prazeres, alegrias e advertências, só que sob controle, em equilíbrio, orientadas e produtivas. Na fase da sensação, igualmente, o ser experimenta emoções algo desordenadas e, vez que outra, propiciadoras de bem-estar, o que lhe constitui estímulo para crescer e esforçar-se por consegui-las.

Nas diferentes psicopatologias há predominância das sensações e grande descontrole das emoções, o que traduz o transtorno da mente, refletindo-se no comportamento alienado.

Podemos encontrar raízes desse estado na estrutura do lar desajustado, de pais imediatistas, ambiciosos, incapazes de amar, que transmitiram aos filhos a ideia de que todo aquele que possui, vale; enquanto que os outros existem para servir aos primeiros.

Vida: desafios e soluções

Essencialmente, porém, é o Espírito, em si mesmo, em fase de desenvolvimento, que se revela no corpo, experimentando mais as expressões fortes em detrimento das manifestações mais elevadas.

O esforço bem-direcionado, o cultivo das ideias enobrecedoras e o trabalho edificante promovem de uma para outra faixa todo aquele que aspira à libertação da fase primitiva em que ainda estagia.

VIDA INTERIOR

Tão necessário quanto a alimentação para uma existência saudável, o cultivo da reflexão, da oração e da meditação torna-se de relevância. A primeira atende às células físicas, o outro, àquelas que são de ordem psíquica, geradoras da organização material. Sem a vibração harmônica, procedente do psiquismo, o campo no qual se desenvolvem as de constituição condensada desequilibra-se e, por consequência, a distonia na *forma* prejudica a realização da modelagem no exterior.

O oxigênio mantém o corpo, a onda mental sustenta a vida. Indispensáveis, ambos, para o ser em equilíbrio, nem sempre são utilizados, esses recursos, com a sabedoria que conduz à dosagem própria. Alguns indivíduos, compreendendo a necessidade de uma respiração bem-orientada, buscam esportes e espairecimento ao ar livre, descuidando-se da vida interior ou abandonando outros compromissos que constituem imperativo básico para o seu real crescimento.

Outros, tomados pelo entusiasmo e encantamento do bem-estar que fruem mediante o exercício de interiorização,

Joanna de Ângelis / Divaldo Franco

descuidam-se dos relacionamentos humanos e isolam-se, criando fatores dissolventes na área do comportamento, que levam ao egoísmo, à falta de solidariedade edificante no mundo social.

A vida interior bem-direcionada ensina a criatura a aceitar-se como é, sem desejar imitar modelos transitórios das glórias momentâneas, que brilham sob os focos das lâmpadas da ilusão; mas também a não ambicionar parecer-se com outrem, cujas características são belas nele, e não em quem a elas aspira. Ser autêntico em si mesmo, autoamar-se, sem derrapar nas ambições acumuladoras inspiradas pelo egoísmo, nem supor-se melhor do que os demais, constitui uma vitória sobre os conflitos e os complexos que atormentam e facultam a desvalorização da pessoa amargurada entre lutas internas e fracassos externos.

Ao aceitar-se como é, desenvolvendo os recursos íntimos para mais crescer e conquistar novos valores morais, o ser atinge o cume das ambições que anelava, sem o saber, não sofrendo os impactos perturbadores das alturas, nem as aflições das regiões servis de onde procede.

Esse comportamento sugere a experiência do amor, como forma de entrega lúcida e destituída das paixões que amesquinham o sentimento. Ao amar, busca esquecer-se de si mesmo a fim de doar-se, enriquecendo-se enquanto promove os demais. Esse desdobrar do sentimento afetivo constitui o momento glorioso da autorrealização, aquele no qual o ser entoa um canto de entusiasmo à vida, exaltando-a e glorificando-a em si mesmo e em torno dos próprios passos. Essa manifestação do amor irrompe do seu interior como um sol que nasce suave e belo, crescendo até atingir o máximo, com uma diferença, que é a de não declinar jamais, permanecendo a aquecer e iluminar.

Vida: desafios e soluções

Enquanto perdura o sentimento de amor-permuta, dar para receber, ou primeiro receber para doar depois, o egoísmo, o sentido de criança psicológica permanece dominador, dificultando o amadurecimento real.

Esse amor que leva ao autoesquecimento – das paixões perturbadoras, das exigências descabidas, das ilusões injustificáveis – é conquista interior que dignifica e liberta.

Nessa fase do desenvolvimento da vida interior, o ser passa a acreditar na sua destinação espiritual, que é a conquista da felicidade desde agora, e, tranquilizando-se quanto aos fatores dissolventes e amesquinhantes, avança sem preocupar-se com as torpezas que ficam na retaguarda.

Somente acreditando nas próprias possibilidades e empenhando-se por vivê-las, apesar dos obstáculos que surgem, é que se atinge com êxito a *viagem interior*, o autodescobrimento e as técnicas que podem ser aplicadas para auferir os benefícios dessa realização.

Alcançado esse estágio, surge a vontade da libertação das coisas, das cadeias frágeis que atam aos condicionamentos passados, que pareciam oferecer segurança, em uma existência física que se interrompe a qualquer momento, mas que parece impor necessidades de fixação, que não vão além de quimeras. Todos os pertences valem o preço que lhes são atribuídos, devendo ser considerados de menor importância, embora a sua momentânea utilidade. A libertação dos pertences é momento de alta magnitude para a harmonização psicológica em relação à vida, seja no corpo ou fora dele.

A vida interior implícita, quando conquistada, ressurge no campo das formas em manifestação explícita. O ser se apresenta total, livre de impedimentos, rico de aspirações, sem conflitos, sem queixas; pleno, portanto.

5
SIGNIFICADO DO SER INTEGRAL

BASES PARA A AUTORREALIZAÇÃO. CONQUISTAS QUE
PLENIFICAM. LIÇÕES DE VIDA.

BASES PARA A AUTORREALIZAÇÃO

Jesus, o mais notável psicoterapeuta que a Humanidade conheceu, afirmou: *Vós sois deuses e podeis fazer tudo quanto faço e muito mais, se quiserdes.* Trata-se de uma proposta-desafio para seres amadurecidos psicologicamente, capazes de ambicionar o além do habitual, e que estão dispostos a consegui-lo. Para lograr o êxito nesse tentame, é necessário possuir autoconfiança e fé, essa certeza coerente que existe entre o desejar e o poder realizar, saindo do *mesmismo* perturbador das ambições exclusivamente de natureza material, imediata.

Identificar-se com um *deus* é ampliar os valores que dormem no íntimo e são desconsiderados. Uma faísca sabedora do seu poder de combustão, que encontre substâncias fáceis de arder, consegue produzir um incêndio. Quando alguém se identifica possuidor desse recurso, pode atear o incêndio que devora os vícios e abre espaços virgens para a instalação dos elevados potenciais do desenvolvimento pessoal.

Quem toma conhecimento dos recursos próprios, dispõe de medida para avaliar as possibilidades de triunfo e empenha-se para alcançá-lo, enquanto aquele que os desconhece detém-se no pretexto da própria fragilidade, porque, no íntimo, assim o prefere.

O ser existencial tem o seu significado relevante, que necessita ser detectado e utilizado com segurança. Os seus alicerces repousam nas camadas profundas do inconsciente – as experiências do passado – e nas possibilidades imensas do seu superconsciente – as conquistas que lhe cumpre lograr –, debatendo-se nas reminiscências do ontem e nas ambições do futuro. O ser existencial oscila entre esses dois polos, que contribuem para a realização feliz ou desventurada no presente, a depender, naturalmente, das opções elegidas e do empenho aplicado na sua execução.

Inicialmente é lícito fazer-se uma avaliação do que são tesouros: os de ordem externa e os interiores. Quais deles têm primazia para serem conquistados, e como fazer, a fim de os conseguir.

O *ser fisiológico* preferirá os de significado e aplicação imediata, enquanto o *ser psicológico* analisará aqueles que têm primazia e dar-se-á conta da necessidade desses que são externos como utilitários e aqueles que estão internos, os permanentes. Sem abandonar os primeiros, dedicar-se-á à conquista dos mais valiosos, que são os permanentes.

Nesse afã se identificará com realidades que o fascinarão. Descobrirá que, em média, o ser humano experimenta sessenta mil pensamentos por dia, o que demonstra a grandeza, a majestade da sua organização mental, descobrindo quanto é nobre aprender a utilizar desse tesouro abundante, que muitas vezes se perde em círculo de

Vida: desafios e soluções

viciações mentais, malbaratando tempo e oportunidade em lamentações, queixas, pessimismo, desgaste das potências de que é constituído.

Reconhecerá a necessidade de ser pessoa e não máquina, evitando o repetir-se monotonamente, sem direcionamento para frente nem para o melhor. Aplicará cada pensamento mais poderoso, de sentido profundo, de valor utilizável na construção do seu mais adequado comportamento para a paz. Eliminará aqueles que são perturbadores e podem ser substituídos amiúde, fomentando um clima psíquico de saúde com respostas orgânicas de bem-estar.

Com essa atitude mental vencerá o medo de adoecer, de envelhecer, de ficar pobre, de enfrentar dificuldades, de morrer, pois compreenderá serem todos esses fatores perfeitamente controláveis, desde que assuma a sua condição de *deus* e passe a fazer tudo quanto é possível através do empenho pessoal.

A doença é sempre *acidente de percurso*, jamais sendo uma realidade, antes é um estado transitório, que pode ser ultrapassado, mesmo quando se apresente com características expiatórias. Já que o ser é eterno, as manifestações orgânicas e mentais desta ou daquela natureza fazem parte da transitoriedade do mundo da forma. Não se justifica, dessa maneira, o medo de doenças.

O envelhecimento não deve inspirar qualquer tipo de receio, porquanto a beleza de cada fase da existência corporal encontra-se na atitude interior de quem observa o mundo externo. As experiências nascem das vivências e para poder fruí-las é exigido o patrimônio do tempo, no que ocorrem o envelhecimento do corpo e o amadurecimento do Espírito.

A verdadeira pobreza é interior, quando se perdem as aspirações de crescimento e realização íntima. A financeira é sempre contornável, desde que o indivíduo se empenhe por superá-la, e o trabalho é assim fonte geradora de recursos externos, enquanto internamente aprimora o sentido de vida. Os verdadeiramente pobres perderam a razão de viver e entregam-se, funestamente, aos prazeres perturbadores, aos gozos desgastantes, aos jogos da ilusão cansativa...

... E a morte, a grande *devoradora* da vida, desmitifica-se e já não inspira qualquer receio, porque ela faz parte do processo existencial, como forma de desenvolvimento do ser profundo, que experimenta, etapa a etapa, novos mecanismos de elevação.

O processo de envelhecimento, por ser portador de muita beleza, é lento, biologicamente bem-elaborado, proporcionando o tesouro da sabedoria, em forma de discernimento lúcido, propiciador de harmonia íntima e de autoentrega, após o ciclo da existência física.

O ato de aprender a amar tudo quanto se faz, a realizar bem tudo quanto se gosta, a repartir com todos as alegrias e esperanças da vida em triunfo, dá significado pleno ao ser existencial, que agora pode *fazer tudo* quanto Jesus realizou, identificando-se com Deus.

Enquanto isso, o *ser fisiológico* está desfrutando das regalias das sensações, emaranhando-se no cipoal das paixões, até ser despertado pelos choques do processo evolutivo, que podem ser as dores, as preocupações profundas, as amargas decepções, ou os maravilhosos apelos do amor pela beleza, pela necessidade de harmonia e de paz.

É indispensável estar acordado, desperto para a realidade do ser, consciente das suas responsabilidades e obje-

Vida: desafios e soluções

tivos reais nos desafios existenciais, encontrando todos os significados e desenvolvendo-se.

CONQUISTAS QUE PLENIFICAM

Quando a infância se fez caracterizar por problemas e desafios não solucionados, as dificuldades se transferem no inconsciente do indivíduo para todos os diferentes períodos da vida. Torna-se-lhe difícil o amadurecimento psicológico, procurando permanente refúgio no período infantil, que prossegue desafiador. A necessidade de autopunição faz-se, às vezes, extremada, como mecanismo de justificação das pequenas travessuras, das irresponsabilidades, das mentiras ou outros quaisquer mecanismos de evasão daquela realidade, por meios nem sempre ideais. Em casos que tais, surgem os criminosos, que havendo sido crianças maltratadas, sentem necessidade de *punir* a sociedade pelo que lhes ocorreu, tornando-se, dessa forma, bandidos.

É necessário, inicialmente, redescobrir a criança que permanece no imo e avaliar o seu estado de crescimento, suas necessidades, seus anseios. Se permanecerem os jogos e despreocupações, a transferência de responsabilidade para os outros e a culpa sempre dos outros, impõe-se a psicoterapia como urgência, a fim de auxiliar no crescimento e na libertação dos traumas daquela fase.

Não é desejo estabelecer que a criança seja retirada do cenário existencial, porém que ocupe o seu verdadeiro lugar no alicerce do inconsciente, a fim de que não perturbe a pessoa da atualidade. É mesmo válida a presença da criança que existe em todos os indivíduos, tornando a existência

Joanna de Ângelis / Divaldo Franco

apetecível e sonhadora, dentro dos limites da normalidade que deve prevalecer a quaisquer condicionamentos de tempo e de lugar.

Um bom relacionamento social é fator de relevância para a plenificação do indivíduo, porque, sendo *animal gregário*, o seu convívio com os demais seres é fator de desenvolvimento das suas aptidões, propiciando-se os atritos e choques que fazem parte da existência, sem derrapar nas animosidades, pelo contrário, desenvolvendo a tolerância, superando a prepotência de submeter todos os demais ao talante da sua pessoa.

Aquele que vive sozinho foge da realidade de si mesmo, que vê projetada nos outros. Tem medo do convívio com os demais, porque não sabe transitar senão nos seus domínios, onde impõe a sua vontade e realiza os seus desejos, sem o sentimento de reparti-los, ou, por sua vez, de compartir as experiências alheias.

A conquista da humildade faz parte do programa de crescimento interior, evitando o exibicionismo que se torna perturbador, particularmente por alterar a visão da realidade e de si mesmo, *agredindo* os outros com a aparência, por não ter segurança dos próprios valores, que seriam capazes de oferecer harmonia no conjunto humano onde se encontra.

Essa humildade começa na conscientização de si mesmo, observando que faz parte do Universo, cuja grandeza demonstra-lhe a *pequenez* em que ainda se acha e quanto deverá crescer para entender a majestade e a harmonia do mundo no qual vive. Não se ensoberbece com o que sabe, nem se entristece pelo muito que ignora. É simplesmente humilde diante da vida e reconhece a necessidade de crescer mais e tornar-se melhor.

Vida: desafios e soluções

É comum a luta desenfreada para possuir sempre, asfixiando as demais aspirações, que cedem lugar à predominância do instinto de posse desequilibrada. Quando se atinge o estágio de maturidade psicológica, o importante não é ter mais, porém ser mais, isto é, sempre melhor em valores internos, em conquistas morais e intelectuais, sem jactância, porém com a consciência da vitória sobre si mesmo e sobre os desafios da existência, aumentando a capacidade de resistência cada dia.

A felicidade real independe daquilo que se tem, mas é resultado daquilo que se é.

Muito oportuno o fato de uma célebre personagem de propaganda na Televisão, cuja bela aparência fora aproveitada para sorrir e, por isso, sua imagem sempre fascinava os estranhos, que a desejavam imitar. Todos olvidavam que era sua profissão sorrir, e para isso lhe pagavam, embora o seu humor habitual não correspondesse a essa realidade.

Deve-se sorrir por profissão, no entanto a alegria de viver leva a sorrir por prazer e por beleza, gerando uma autoterapia valiosa, porquanto aquele que está de bem com ele mesmo, encontra-se bem com o mundo.

Numa das suas habituais viagens a Londres, o célebre Mahatma Gandhi deteve-se, oportunamente, no Aeroporto, a observar os objetos expostos, ricos e agradáveis aos olhos. Demorava-se a examiná-los e sorria de prazer. Preocupado com aquela atitude inabitual no homem que renunciara a todas as coisas do mundo, um membro da comitiva inglesa acercou-se-lhe, esclarecendo: – *Se o Mahatma tem interesse por algum desses objetos, teremos o prazer de, em nome de sua Majestade, oferecer-lhe, o que nos constituirá uma honra.* O nobre missionário, que se havia encontrado consigo mesmo,

Joanna de Ângelis / Divaldo Franco

sem desdém nem menosprezo respondeu, sorrindo: – *Estou feliz em olhá-los e verificar quanta coisa eu já não necessito.*

A verdadeira saúde, em sua expressão profunda, manifesta-se como libertação interior, sem o masoquismo das fugas do mundo e das afirmações dos próprios valores através do desprezo e do flagício ao corpo, qual se fora ele responsável pelas debilidades do caráter, imperfeições da conduta, frustrações psicológicas decorrentes da visão alterada do mundo e sua realidade.

Quando esse estado saudável se estabelece no ser, ele experimenta harmonia em qualquer situação na qual se encontre. Na multidão, experimenta o prazer do convívio com os outros, de ser útil, de receber e de dar atenção às manifestações da vida. Quando a sós, preenche todos os seus espaços com atividades e pensamentos enriquecedores, não se sentindo solitário, embora esteja desacompanhado. Sua mente é sempre sua companheira a exigir ou a compensar o que experimenta como emoções de viver.

É óbvio que todo aquele que se faz possuidor de conflitos de qualquer natureza terá dificuldade de sentir-se compensado, pois que a sua estrutura íntima, deficitária, estará sempre refletindo as lutas em que se sente envolvido, portanto em contínuas ansiedade e insatisfação.

LIÇÕES DE VIDA

A beleza da vida está nas experiências que propõem o desenvolvimento do ser integral. Nascido para o triunfo, as dificuldades que encontra fazem parte do método para alcançar as metas para as quais ruma inevitavelmente. Cada etapa vencida apresenta-se, depois, como uma vitó-

Vida: desafios e soluções

ria alcançada, sendo lição de inapreciável significado que se incorpora ao patrimônio de que se enriquece. Todos os seres pensantes experimentam oportunidades psicológicas de magnitude, como desafios de iluminação e de sabedoria, que nem todos, porém, sabem utilizar como devido. A sabedoria brota de um para outro momento, mesmo nas mentes mais perversas e nos sentimentos mais frios, abrindo novos espaços para a libertação do egoísmo e a aquisição do sentido de fraternidade.

Há momentos psicológicos muito próprios para a absorção das lições que a vida oferece a cada viandante da evolução. Nem todos conseguem identificar essa *hora mágica*, de maneira a lucrar com o aprendizado de que se faz portadora.

Luís XIV, que se celebrizou como o *Rei Sol*, em França, recebeu uma denúncia de que se tramava contra o trono. O delator foi encarregado de trazer-lhe uma lista dos suspeitos, que deveriam ser condenados à morte, por crime contra Sua Majestade. Apresentada a lista, estavam assinalados por uma cruz aqueles que conspiravam contra o monarca. Vendo a relação, o rei, tomado de espanto, teria declarado: – *Não os posso condenar, porquanto estão marcados pelo instrumento com que mataram o Inocente* – e a todos perdoou.

Não obstante *a consciência de sono* do governante, que se mostrava indiferente quanto ao futuro do trono e do povo, pois que tinha por hábito declarar que, após ele, viesse o dilúvio, assim se entregando a toda ordem de prazeres e abusos, naquele instante foi tocado no recesso do ser pelo símbolo da ignomínia com que tentaram silenciar a Grande Voz, evitando tornar-se algoz impenitente de uma condenação arbitrária, que seria apresentada sem qualquer julgamento, decorrente de uma suspeita, na qual, por certo, encontravam-se em jogo vis interesses do intermediário da denúncia. Certamente, o medo de ser injusto e de passar à História, a grande julgadora dos acontecimentos de todos os tempos, bem como dos seus promotores, como ignóbil, fez que mudasse o plano funesto e pensasse no Inocente.

É uma lição da vida para outras vidas, que ficou anotada nas páginas daquela vida atribulada e passou para o futuro, norteando outros destinos. Oxalá se lhe abrisse a mente para outras atitudes de dignificação humana, longe dos interesses pessoais e transitórios que se consumiram quando da consumpção do seu corpo.

Como ninguém foge de si mesmo, porquanto sempre estará onde se encontrem suas aspirações e necessidades, malgrado as fugas psicológicas e desmandos mentais, a consciência se firma e se agiganta, traçando as rotas de segurança com as realizações propostas pelo conhecimento e vividas pelo sentimento.

Por outro lado, narra antigo *koan* que um príncipe chinês orgulhava-se de sua coleção de porcelana, de rara quão antiga procedência, constituída por doze pratos assinalados por grande beleza artística e decorativa.

Certo dia, o seu zelador, em momento infeliz, deixou que se quebrasse uma das peças. Tomando conhecimento do desastre e possuído pela fúria, o príncipe condenou à morte o dedicado servidor, que fora vítima de uma circunstância fortuita. A notícia tomou conta do Império, e, às vésperas da execução do desafortunado servidor, apresentou-se um sábio bastante idoso, que se comprometeu devolver a ordem à coleção. Emocionado, o príncipe reuniu sua corte

Vida: desafios e soluções

e aceitou a oferenda do venerando ancião. Este solicitou que fossem colocados todos os pratos restantes sobre uma toalha de alvinitente linho, bordada cuidadosamente, e os pedaços da preciosa porcelana fossem espalhados em volta do móvel. Atendido na sua solicitação, o sábio acercou-se da mesa e, num gesto inesperado, puxou a toalha com as porcelanas preciosas, atirando-as bruscamente sobre o piso de mármore e arrebentando-as todas.

Ante o estupor que tomou conta do soberano e de sua corte, muito sereno, ele disse:

– *Aí estão, senhor, todos iguais conforme prometi. Agora podeis mandar matar-me. Desde que essas porcelanas valem mais do que as vidas, e considerando-se que sou idoso e já vivi além do que deveria, sacrifico-me em benefício dos que irão morrer no futuro, quando cada uma dessas peças for quebrada. Assim, com a minha existência, pretendo salvar doze vidas, já que elas, diante desses objetos, nada valem.*

Passado o choque, o príncipe, comovido, libertou o ancião e o servo, compreendendo que nada há mais precioso do que a vida em si mesma, particularmente a humana.

As lições mais severas, a vida oferece, convidando os indivíduos à reflexão.

Quando se adquire maturidade psicológica, embora se preservem bens materiais, valorizam-se mais aqueles que são do Espírito, da realidade perene, expressões elevadas da vida.

O que se possui de mais precioso é a oportunidade existencial, pois que ela enseja todas as outras ocorrências e conquistas, permanecendo como patrimônio inalienável do ser no seu percurso evolutivo. Quando lúcido, vive intensamente seu momento, cada momento, florescendo onde se encontra, sem os tormentos de realizar-se nessa ou naquela outra parte, criando raízes e desenvolvendo-se, livre das injunções da ambição desregrada, das paixões perturbadoras, das fixações inquietantes, aberto às novas realizações que harmonizam. Torna-se, desse modo, parte integrante do Universo, no qual se encontra e que o convida a conquistá-lo.

Para conseguir esse estado e aprender as lições da vida, o candidato se deve trabalhar interiormente, educarse, já que através desse valioso contributo modifica-se e aprimora-se, liberando-se dos atavismos perniciosos e dos fatores degenerativos que lhe remanescem.

A educação é valioso instrumento para o trabalho de construção da pessoa feliz, que se torna, por sua vez, uma viva lição da vida para as demais, que seguem na retaguarda.

6

ASPECTOS DA VIDA

JUVENTUDE E VELHICE. ESTAR DESPERTO.
ALEGRIA DE VIVER

A vida no corpo apresenta-se sob vários aspectos, que lhe constituem a realidade existencial. Nem sempre, porém, essa realidade significa o legítimo viver, o expressar-se com segurança, o desfrutar plenamente a oportunidade e avançar jubilosamente, sem remorsos que resultam do passado, nem ansiedades que assinalam as ambições do futuro.

Uma existência feliz não é, necessariamente, aquela que se faz breve ou larga, mas sim aquela que se transforma em mensagem de alegria e bem-estar para a própria pessoa, bem como para todos aqueles que a cercam. Cada existência é uma mensagem, cujo conteúdo deve ser positivo, de forma que dignifique outras, enriquecendo-as de esperança. A doença, os problemas, não são aspectos de infelicidade, porém convites do organismo e da vida, para dizer que é necessário estar lúcido e consciente. A morte, por isso mesmo, não é um fracasso da vida, mas uma nova admirável experiência.

O ser amadurecido psicologicamente sabe discernir quais os valores que são autênticos, para a sua realização, e aqueles que apenas apresentam como indumentária transitória para o elenco dos movimentos existenciais.

Dessa forma, cada fase da existência orgânica se apresenta com características que tipificam o processo de desenvolvimento das estruturas da personalidade e da individualidade, facultando o armazenar de experiências que podem ser aplicadas na construção da vida ideal, na qual os fatores de perturbação não encontram campo para atuar e deteriorar os aspectos saudáveis, que formam o conjunto do indivíduo realizado.

É lento o desenvolvimento do ser em cada aspecto, passando de uma para outra fase, sem marcas inquietadoras de incompletude, de maneira que no próximo estágio se viva com as manifestações do anterior, daquele que já deverá estar ultrapassado e consolidado nos alicerces da individualidade.

Cada indivíduo, porém, alcança o patamar do amadurecimento por meio de experiências diversas. Uns conseguem crescer sob o estímulo dos ideais e das aspirações que acalentam interiormente; outros o fazem sob a inspiração da beleza, a exteriorizar-se nas artes, na literatura, na cultura em geral; muitos são atraídos pela tecnologia e os diferentes recursos das modernas conquistas; inúmeros são conduzidos pelo amor, pela necessidade da fraternidade que cultivam com acendrado carinho; a grande multidão, no entanto, é *empurrada* pelo sofrimento, última alternativa para o desenvolvimento dos recursos internos que lhe dormitam no imo.

Ninguém há, no entanto, que se impeça o desenvolvimento do ser superior, esmagado momentaneamente pelos perigosos adversários de si mesmo, que são o primarismo, a ignorância, o egoísmo e todo o seu séquito de hediondez.

Vida: desafios e soluções

O ser humano segue uma fatalidade grandiosa: a autorrealização total, sob a atração do Pensamento Divino que a tudo invade e domina. A sua origem transcendental leva-o de volta, iniludivelmente, à sua Causalidade Superior. Todavia, enquanto não se dá conta dessa obstinada destinação, transita em círculo de estreito âmbito emocional, sem que a força de atração da Vida lhe produza qualquer influência.

Assim considerando, são todos valiosos, os diferentes aspectos da vida, durante a existência física, que devem ser experimentados de forma total.

JUVENTUDE E VELHICE

Tornou-se ontológica a forma inamistosa do ser em relação à velhice, que considera como decadência, amargura, soledade, doença e morte, na visão estreita da imaturidade psicológica. Para esse, viver é acalentar sonhos permanentemente juvenis, sensações brutalizantes e de efeito rápido, passando de uma para outra entre insatisfações e conflitos íntimos.

A juventude, diga-se com clareza, não é somente um estado biológico atinente a determinada faixa etária. Mas também todo o período em que se pode amar e sentir, esperar e viver, construir e experimentar necessidades novas e edificantes.

O período juvenil, limitado entre a infância e a idade da razão, é de muita significação para o desenvolvimento real do indivíduo, porque abre os espaços existenciais para a aprendizagem, fixação dos conhecimentos, ansiedades de conquistas e realizações, em um caleidoscópio fascinante. É também o período da imaturidade, do desperdício de oportunidades, porque tudo parece tão distante e farto, que os prejuízos de tempo e produção não têm significado profundo, dando nascimento a futuros conflitos que necessitam ser vencidos.

É jovem, porém, todo aquele que aspira aos ideais de enobrecimento humano, esteja transitando por qualquer período existencial, não importa. Mantendo a capacidade de realizar e realizar-se, de produzir e multiplicar, de renovar e renovar-se, desfruta do largo prazo da juventude real.

A velhice se apresenta quando o indivíduo se considera inútil, quando experimenta o desprestígio da sociedade preconceituosa, que elaborou conceitos de vida em padrões torpemente materialistas hedonistas.

A Ciência médica está a comprovar a cada instante que todos os períodos da vida são ricos de oportunidades para aprender, para crescer e desenvolver a capacidade de fixação dos valores humanos. Os conceitos ortodoxos dos limites para o início da velhice, quando surgem os sinais de decadência orgânica, estão totalmente ultrapassados.

Nesse contexto, a mente é fator importante que gera energias incessantes, num ou noutro sentido, de forma positiva ou destrutiva, e, enquanto se pode pensar com autoestima e confiança, os limites impostos pela idade desaparecem, para facilitarem a continuação da existência enriquecedora. Assim também, quando o jovem se deixa abater e passa a pensar destrutivamente, encarcera-se nos porões da decadência psicofísica e degenera.

O cérebro, que antes era pouco identificado nas suas incomparáveis produções, como a maior *glândula* do corpo humano, é hoje conhecido como um extraordinário e inco-

Vida: desafios e soluções

mum conjunto harmônico de setenta e cinco a cem bilhões de neurônios em circuito especializado e complexo, como o mais notável computador que a mente ainda não pode conceber. Suas enzimas, cerebrinas, globulinas e outras secreções comandam as reações de todo o corpo, trabalhando pela vida física e psíquica. No entanto, essa mente não lhe é fruto de elaboração própria, procedendo de uma fonte geradora que o antecede e sucede ao processo do conjunto neuronial. Pesando em média um quilo e trezentos gramas, absorve oxigênio em quantidade expressiva, vinte por cento de todo aquele que necessita o corpo total. Quando ocorre a morte de cada célula nervosa e a mente trabalha, pesquisa e se esforça para manter os equipamentos em ordem, amplia-se, transformando as suas extremidades em *árvores (dendrites)*, que facultam o fluxo das informações, sem qualquer solução de continuidade, produzindo as maravilhosas sinapses eletroquímicas, que mantêm todo o equilíbrio dele mesmo e do organismo em geral.

Ainda desconhecido e pouco utilizado, é centro dinâmico da vida, nas mais complexas operações que se possa imaginar, antena transceptora, que se coloca na direção das faixas parapsíquicas, sem perder a sua estruturação para os registros e captações no campo do psiquismo normal.

À semelhança dos músculos que, não ativados pelo exercício, tendem à fragilidade, à flacidez, quando não movimentado pelas energias mentais renovadoras, perde as possibilidades de produção, porque ao morrerem as células nervosas, as restantes, sem novos estímulos, não se ampliam, falhando na transmissão das mensagens que lhes cabe registrar, encaminhar e responder.

Durante milênios permaneceu quase desconsiderado da Ciência, havendo sido estudado e *descoberto*, praticamente, por Gall, médico e anatomista, *pai* da Frenologia, como Lamarck o fora do Transformismo. Até então, os conceitos se dividiam entre os filósofos, os *pais* da Medicina e da Patrística religiosa, com as suas superstições e conceitos ultramontanos.

Passando por extraordinários estudiosos, dentre muitos outros Cabanis e Broca, a sonda da investigação foi penetrando a massa cinzenta e decifrando as suas protuberâncias, que hoje nos dão uma ideia, embora ainda muito imperfeita, do seu mundo de infinitas informações por detectar.

Nele, portanto, estão as disposições da juventude e da velhice, dependendo sobretudo da mente que o vitaliza e movimenta, que o aciona e mantém.

Todavia, muitos creem que a velhice é sinal de perda de memória, de deterioramento do raciocínio, do desequilíbrio das emoções... Sem dúvida, com o suceder dos anos, a maquinaria orgânica experimenta desgaste e, certamente, diminui a capacidade de produção e eficiência de resultados. Entretanto, a perda de memória não é sintoma exclusivo do envelhecimento, porquanto muitos fatores contribuem para essa ocorrência em qualquer idade, como as enfermidades sutis, quais sejam as infecções urinárias, as intoxicações por medicamentos, a depressão, o *mal* de Alzheimer etc. O importante, desse modo, é o estado psíquico do indivíduo, que lhe determina qual a fase em que se encontra e lhe apraz permanecer; se na juventude que se alonga ou na velhice que lhe chega precocemente.

Vida: desafios e soluções

De extraordinário resultado é a ação do trabalho nesse comportamento, facultando o prosseguimento dos deveres, dos estudos, das buscas e realizações novas, sem fadigas nem justificativas de impossibilidade para crescer e permanecer jovem.

ESTAR DESPERTO

A Humanidade em geral vive em estado de sono, em letargo, e, por isso mesmo, padece da enfermidade mais dominadora, que é a ignorância de si, da destinação de cada um, do significado da existência.

Acomodados à situação em que se encontram, os indivíduos queixam-se, mas quase nada fazem para mudar os fatores degenerativos do conjunto social, normalmente neles mesmos presentes; lamentam-se, por necessidade masoquista de inspirar compaixão; entregam-se à ocorrência por comodismo, não se esforçando, realmente, para conseguir a superação de todo aparente obstáculo que surge como ameaça ou impedimento ao seu progresso.

A *consciência de sono* predomina no mundo moderno, em razão das suas concessões ao prazer imediato, sem a consequente proposta e oportunidade para as emoções libertadoras. Assim, a sociedade se divide em grupos que se hostilizam sub-repticiamente, distanciando-se cada vez mais uns dos outros, quando deveriam eliminar as barreiras separatistas, e não manter ignorância sobre as infinitas possibilidades de realização e de despertamento.

Surge, inevitavelmente, o instante em que o ser vê-se induzido a despertar ou permanecer na morte da realidade.

Para que consiga acordar do pesado sono a que se submete, é necessário todo o empenho possível, de modo que possa arrebentar as cadeias que o vêm atando ao processo de autocompaixão e infelicidade, de autodesestima e desrespeito para com ele próprio.

Estar acordado é encontrar-se pleno, consciente da sua realidade interior e das infinitas possibilidades de crescimento que estão ao seu alcance; libertar-se dos medos que o imobilizam na inutilidade; redescobrir a alegria de viver e de agir; ampliar o campo da comunicação com a Natureza e todos os seres; multiplicar os meios de dignificação humana, colocando-os ao alcance de todos; submeter-se à eloquente proposta de iluminação que pode encontrar em toda parte...

O apóstolo Paulo estava tão certo do valor do despertamento da consciência, que em memorável carta aos Efésios, conforme se encontra no capítulo cinco, versículo catorze, conclamou: – *Desperta, ó tu que dormes, levanta-te entre os mortos e o Cristo te esclarecerá.* Isso porque, sono é forma de morte, de desperdício da oportunidade educativa, esclarecedora, terapêutica, enriquecedora. E nesse sentido, quando se está desperto, Jesus o esclarece, a fim de que avance corajosamente na busca da sua autoidentificação.

Todos os triunfadores foram e são pessoas despertas para a sua atividade, o seu compromisso para com a vida, conscientes do próprio valor, sem os pieguismos e fugas psicológicas de autodesvalorização, de autopunição. Desfraldando o estandarte da coragem, partem para a batalha a que se entregam, superando os vícios e desenvolvendo as virtudes, no campo imenso da consciência, qual a proposta feita por Krishna a Arjuna, no *Bhagavad Gita,* essa maravi-

Vida: desafios e soluções

lhosa canção de dignidade psicológica e saga de um triunfador sobre as próprias paixões...

O ser desperto não se permite a astúcia de Sísifo nem a crueldade de Zeus, que tinham necessidade de demonstrar a sua força, o seu poder, na fragilidade do homem imaturo e dormido.

Quando o príncipe Sidarta Gautama fez-se Buda, portanto, quando se permitiu iluminar, porque acordou do letargo, após uma das suas preleções educativas, foi interrogado por um discípulo: – *Senhor, já encontrastes Deus? E se o defrontastes, onde se encontra Ele?* O missionário meditou por um pouco e respondeu sem preâmbulos: – *Após penetrar na realidade de mim mesmo, encontrei Deus no mais íntimo do meu ser, em grandiosa serenidade e ação dignificadora.*

Quando se está desperto, as conquistas e encontros são internos, resplandecentes e calmos, poderosos como o raio e suaves como a brisa do amanhecer. Portadores de vida, conduzem o indivíduo na direção segura de si mesmo, fazendo que possa compreender os que dormem e não se interessam pela decisão de entender-se ou compreender a finalidade da existência. Tampouco se irrita, ou se enfastia, ou se perturba com aqueles que o agridem, que o perseguem, que buscam afligi-lo.

Maria de Magdala despertou da loucura em que se encarcerava ao encontrar Jesus, e transformou-se totalmente; Paulo de Tarso despertou, após o chamado de Jesus e nunca mais foi o mesmo; Francisco de Assis aceitou o convite do Mestre e renasceu, abandonando o *homem velho* e tornando-se cantor da Natureza; Leonardo da Vinci, Galileu, Newton, René Descartes, Pasteur, Albert Schweitzer e muitos outros nos vários campos do pensamento, da Ciência e da Arte, da Religião e do Amor, após despertarem para a realidade, alteraram a própria rota e ergueram a Humanidade para um patamar de maior beleza e de mais ampla felicidade.

Estar desperto significa encontrar-se construindo, livre de preconceitos e de limites, aberto ao bem e à verdade de que se torna vanguardeiro e divulgador.

ALEGRIA DE VIVER

A vida é um poema de beleza, cujos versos são constituídos de propostas de luz, escritas na partitura da Natureza, que lhe exalta a presença em toda parte. Em consequência, a oportunidade da existência física constitui um quadro à parte de encantamento e conquistas, mediante cuja aprendizagem o Espírito se aformoseia e alcança os páramos da realidade. Em todo lugar há sol e harmonia convidando à paz e à participação no seu conjunto feliz. Somente a criatura humana, porém, apresenta-se triste, assinalada pelas urzes morais que carrega das atitudes e ações transatas, dos compromissos mal vivenciados, das realizações desastrosas, transferindo de uma para outra etapa o que poderá lograr de uma vez, caso se resolva pela solução das dificuldades de dentro para fora, a contributo de esforço bem-direcionado.

A alegria, pois, de viver, deve ser parte ativa do programa de construção pessoal da criatura inteligente. Fruir toda a magia existente no painel universal, retirando as maravilhosas concessões de completude que pairam ao alcance de todo aquele que deseja elevar-se, livre de tormentos e de amarras com o passado.

Vida: desafios e soluções

O destino da criatura é a liberdade, para onde segue com os olhos postos no futuro. Ser livre significa não depender, optando pelo que lhe constitui emulação para a vitória; não ter passado nem inquietar-se pelo futuro, vivendo amplamente o presente em transportes de paz e alegria. À medida que se amadurece psicologicamente, a alegria de viver constitui uma razão poderosa para o prosseguimento da atividade de iluminação. Tal alegria certamente não impede os episódios de reflexão pela dor, de ansiedade pelo amor, de espera pela saúde, de presença da enfermidade, de angústia momentânea, de inquietação diante do que esteja ocorrendo. Esses fenômenos, que fazem parte do curso existencial, não eliminam a alegria, antes lhe dão motivo de presença, porque a cada desafio segue uma vitória; após cada testemunho advém uma conquista; a cada empreendimento de dor se apresenta um novo patamar de equilíbrio, fazendo que a alegria seja constante e motivadora para a produção de novos valores.

A alegria proporciona ao cérebro maior contribuição de enzimas especiais, encarregadas de produzir saúde, facultando o riso, que é um estimulante poderoso para a fabricação de imunoglobulina salivar (sIgA), portadora de fatores imunizantes, que propiciam o constante equilíbrio orgânico, evitando a invasão de vários vírus e bactérias perniciosos.

Quando se ri, estimulam-se preciosos músculos faciais e gerais, eliminando-se toxinas prejudiciais acumuladas, que terminam por intoxicar o indivíduo. Rir é uma forma de expressar alegria, sem que a gargalhada estrídula, nervosa, descontrolada, tome parte na sua exteriorização.

Risoterapia, hoje, significa um recurso precioso para evitar determinadas contaminações, mas também para auxiliar no restabelecimento de patologias graves, principalmente as infecciosas mutiladoras, as degenerativas da máquina orgânica e vários distúrbios nas áreas emocional e psíquica.

Assevera o Evangelho que raramente Jesus sorria. Normalmente era visto chorar e quase nunca a sorrir. Ele, que se apresentava como *o ser mais perfeito que Deus ofereceu ao homem para servir-lhe de modelo e Guia*, como esclareceram os Espíritos ao eminente codificador Allan Kardec. Parece paradoxal que chorasse... Trata-se de uma contradição aparente. Suas lágrimas não eram de sofrimento, mas de compaixão, esse sentimento superior e elevado de coparticipação que direcionava às criaturas, que preferiam permanecer na ignorância a aproveitarem Suas lições libertadoras. Era uma forma de expressar ternura pelos enfermos voluntários, que n'Ele teriam a terapêutica eficaz para se livrarem dos males que os amarguravam, e, no entanto, relegavam a plano secundário, aturdidos pela busca do quase nada imediato e fugaz.

Isso está demonstrado quando fala da Sua Boa-nova de Alegria e se apresenta como *a Porta das ovelhas, a Luz do mundo, o Caminho, a Verdade e a Vida, o Pastor, o Messias*, informando que somos *o sal da Terra, as ovelhas, os necessitados* de todo jaez, d'Ele necessitados como Condutor e Psicoterapeuta para nossas inumeráveis deficiências e enfermidades da alma.

O autoconhecimento revela ao ser as suas possibilidades e limitações, abrindo-lhe espaços para a renovação e conquista de novos horizontes de saúde e plenificação, sem *consciência de culpa*, sem estigmas.

Vida: desafios e soluções

Por isso, a Psiconeuroimunologia vem demonstrar que o estado de saúde pode ser conseguido pelo próprio indivíduo que se resolve renovar e crer em si mesmo, nas suas imensas reservas de energias, no valor das suas conquistas. Perfeitamente compatíveis com a *Lei de Causa e Efeito*, as realizações positivas eliminam ou diminuem o peso das negativas e prejudiciais.

A criatura humana é o seu psiquismo. Conforme ele atua, assim se apresentam as manifestações do mundo do Eu e do *Self*.

O pensamento, portanto, bem construído, age no mecanismo do sistema nervoso, no cérebro, e estes, conjugados, produzem enzimas protetoras que tornam imune o organismo a muitas invasões de agentes destrutivos, propiciando saúde.

A alegria de viver é convite para uma existência rica de produções morais, espirituais, artísticas, culturais, estéticas e nobres.

A fatalidade existencial deixa de ser *viver bem*, que é uma das metas humanas, para *bem viver*, que é uma conquista pessoal intransferível, especial, que jamais se altera ou se perde, fomentando felicidade e trabalhando pela paz que todos almejam.

7

DESCOBRINDO O INCONSCIENTE

ANÁLISE DO INCONSCIENTE.
PROCESSO DE INDIVIDUAÇÃO. OS ARQUÉTIPOS.

ANÁLISE DO INCONSCIENTE

O eminente psicanalista Carl Gustav Jung estabeleceu que o inconsciente é um verdadeiro oceano, no qual se encontra a consciência mergulhada quase totalmente. É como um *iceberg*, cuja parte visível seria a área da consciência, portanto, apenas cinco por cento do volume daquela montanha de gelo ainda pouquíssimo conhecida. A consciência, ainda segundo o mesmo estudioso, pode ser comparada a uma *rolha flutuando* no enorme *oceano*.

Tem-se, dessa forma, uma ideia do que significava o inconsciente para o ilustre psiquiatra, que o fora antes de dedicar-se à Psicanálise. Nas suas investigações profundas, procurou detectar sempre a presença do inconsciente, que seria responsável por quase todos os atos e programas da existência humana, desde os fenômenos automatistas mais primitivos, que lhe dariam início, até as inúmeras manifestações de natureza consciente.

Indubitavelmente, nesse *oceano* encontram-se guardadas todas as experiências do ser, desde as suas primeiras expressões, atravessando os períodos de desenvolvimento e evolução, até o momento da lucidez do *pensamento lógico*, no qual hoje transita com vistas ao estágio mais elevado do *pensamento cósmico* para onde ruma.

É muito difícil dissociar-se o inconsciente das diferentes manifestações da vida humana, porquanto ele está a ditar, de forma poderosa, as realizações que constituem os impulsos e atavismos existenciais.

Indispensável, porém, ter-se em mente a presença do Espírito, que transcende aos efeitos e passa a exercer a sua função na condição de *inconsciente*, depósito real de todas as experiências do larguíssimo trajeto antropossociopsicológico, de que se faz herdeiro nos sucessivos empreendimentos das reencarnações.

O *ego* participa de todo esse processo como a pequena parte da psique que é *autoconsciente*, que se identifica consigo mesma. É o Eu, que se conhece na condição de ser, de área própria de energias, que são totalmente diversas dos outros. É a parte pequena de nós que se apercebe das coisas e ocorrências, a personalidade, numa visão que seja detectada pela consciência.

Invariavelmente o Eu pensa somente em si, não compreendendo a imensidade do inconsciente, que é o Eu total, dando margem a situações curiosas, quando as pessoas se referem a acontecimentos que nunca atribuem a si mesmas, informando que não foram elas, isto é, o seu consciente que realizou determinados labores e teve tais ou quais comportamentos, o que as surpreende sempre.

Toda vez que a mente consciente dá-se conta de que o inconsciente se encontra envolvendo-a, é tomada por certas

Vida: desafios e soluções

expressões de deslumbramento ou choque, já que é a totalidade, o *oceano* incluindo o *iceberg*, que vem à tona.

Para Sigmund Freud, tanto quanto para Gustav Jung, o inconsciente somente se expressa através de símbolos, e esses símbolos podem e devem ser buscados para conveniente interpretação através dos delicados mecanismos dos sonhos e da Imaginação Ativa, de modo a serem entendidas as suas mensagens.

As manifestações oníricas oferecem conteúdos que necessitam ser interpretados, a fim de facilitarem o desenvolvimento do indivíduo. Mediante a Imaginação Ativa – tenha-se em conta que não se trata de ficção no seu sentido convencional, mas de uma forma criativa do pensamento – é possível entrar-se no arcabouço dos registros e depósitos do inconsciente, abrindo-lhe as comportas para uma equilibrada liberação, que irá contribuir grandemente para a conduta salutar do indivíduo, proporcionando-lhe uma existência equilibrada.

Permitimo-nos, porém, acrescentar que também através da concentração, da oração, da meditação, e durante alguns transes nas tentativas das experiências mediúnicas, o inconsciente faculta a liberação de várias das impressões que nele jazem, dando origem aos fenômenos anímicos, estudados cuidadosamente pelo nobre codificador do Espiritismo, com muita justiça, um dos identificadores dos arquivos do inconsciente, embora sob outra designação.

Nesse extraordinário *oceano*, ainda segundo os nobres psicanalistas referidos, formidandas forças estão trabalhando, ora em favor, ora contra o ser, que necessita decifrar todos esses enigmas de modo a conseguir sua realização interior quanto exterior. Nele se encontram em depósito os mitos e as fantasias, as lendas e superstições de todos os povos do passado e do presente, e, no seu mais profundo âmago, nascem ou dormem as personalidades paralelas que se incorporam à existência individual gerando conflitos e transtornos neuróticos.

O objetivo, porém, da interpretação dessas mensagens, conforme o pensamento dos citados mestres, não é resolver imediatamente os distúrbios de natureza neurótica, e sim utilizar de forma conveniente as suas forças portadoras de energia de crescimento, de elevação, de conhecimento e de libertação.

O grande desafio da existência humana está na capacidade de explorar esse *mundo desconhecido*, dele retirando todos os potenciais que possam produzir felicidade e autorrealização.

Os indivíduos normalmente se movimentam na vida em estado quase de sono, sem dar-se conta do que acontece à sua volta, sem conscientizar-se das ocorrências nem dos seus mecanismos. Raramente se detêm na reflexão, considerando os objetivos e necessidades da vida em si mesma. Tudo se lhes sucede de maneira automática, fortuitamente, vitimados que se encontram pelos mecanismos fisiológicos em predomínio, até mesmo por ocasião das manifestações de natureza psicológica, o que é lamentável.

Em razão disso, vivem inconscientemente, longe da realidade, dispersos, acumulando conflitos e deixando-se arrastar pelos instintos que neles são dominantes.

A existência humana é uma aprendizagem valiosa que não pode ser desperdiçada de maneira vulgar ou vivida utopicamente, qual se fosse uma viagem ao país da ilusão, no qual tudo tem lugar de maneira atemporal, mecânica, destituída de sentido ou de razão.

Vida: desafios e soluções

A marcha do processo da evolução é ascensional, e o ser deve, a cada dia, armazenar experiências criativas quanto iluminativas, que lhe ampliarão o campo de desenvolvimento, levando-o na direção da sua fatalidade cósmica, que é a liberdade total, a plenitude. Enquanto no corpo, naturalmente sofrerá as consequências, positivas ou negativas, dos seus próprios atos, que são os construtores do seu futuro. Por isso mesmo cabe-lhe viver conscientemente, desperto para a realidade do existir.

Eis por que a concentração é-lhe de valor inestimável, por propiciar-lhe encontrar-se com os arquivos que lhe guardam as impressões passadas que geram dificuldades ou problemas no comportamento atual. Em um nível mais profundo, a meditação é-lhe o instrumento precioso para a autoidentificação, por facultar-lhe alcançar as estruturas mais estratificadas da personalidade, revolvendo os registros arcaicos que se lhe transformaram em alicerces geradores da conduta presente. Por outro lado, a oração, além de lenir-lhe os sentimentos, suavizando as aflições, contribui para a elaboração dos fenômenos da Imaginação Ativa, liberando impressões que, por associação, ampliar-lhe-ão o campo do entendimento da realidade, exumando fantasmas e diluindo-os, ressuscitando traumas que podem ser sanados e ficando com um campo mais livre de imagens perturbadoras, para os mecanismos automatistas dos sonhos.

Embora toda essa contribuição valiosa apresentada pela Psicanálise, proporíamos o desdobramento consciente da personalidade, isto é, do Espírito, nas suas *viagens astrais*, através das quais experimenta sempre, quando lúcido, maior liberdade, assim podendo superar as sequelas dos graves conflitos das reencarnações passadas, em depósito no inconsciente.

Esse *mergulho consciente* nas estruturas do Eu total, faculta a liberação das imagens conflitantes do passado espiritual e do presente próximo, ensejando a harmonia de que necessita para a preservação da saúde então enriquecida de realizações superiores.

Enquanto o indivíduo não descobre a *realidade* do seu inconsciente, pode permanecer na condição de vítima de transtornos neuróticos, que decorrem da fragmentação, do vazio existencial, da falta de sentido psicológico, por identificar apenas uma pequena parte daquilo que denomina como realidade. Percebe-se em isolamento, sem direção própria para a solução dos vários problemas que o afligem e, com isso, foge para os estados de neurotização nos quais se realiza.

Essa *queda emocional* faz que desapareça o sentido de religiosidade, porquanto, ainda conforme a análise dos citados investigadores, no inconsciente é que estariam a presença e o significado de Deus, do Espírito, das percepções em torno da Divindade... Para os citados mestres, quando o ser demora-se ignorando as possibilidades do inconsciente, rompe as ligações com o seu Eu profundo, portanto, com os mecanismos que o levariam à compreensão de Deus, da alma e da vida imortal.

Certamente aí encontramos a presença do Espírito, nos refolhos do ser, impregnado pelas lembranças que não chegam à consciência atual, mas que afetam o comportamento de maneira indireta, proporcionando estados inquietadores e desconhecidos da estrutura do *ego*. A sua autoidentificação, o autodescobrimento, permite o conhecimento

Vida: desafios e soluções

das necessidades de progresso, ao tempo que desarticula as dificuldades que foram trabalhadas pelas experiências negativas das existências transatas, cujos *resíduos* continuam produzindo distonias.

Somente quando se passa a viver a compreensão da realidade interior, descobrindo-se e conservando-se desperto para a ação do *pensamento lógico* e consciente, é que se liberam os efeitos danosos do passado e se estabelecem novas normas de conduta para o futuro. Adquire-se então liberdade para a ação criativa, sem as amarras da *culpa*, que sempre se estabelece depois de qualquer atitude irregular, de toda ação prejudicial.

O ser é manifestação do Pensamento Divino, que o criou para a vigorosa realização de si mesmo.

Desse modo, é necessário deixar de ignorar o seu *mundo interior*, o seu *inconsciente*, mergulhando no abismo de si mesmo e autorrevelando-se sem traumas ou choques, sem ansiedades ou inquietações, em um processo de *individuação*.

Toda essa energia de que é portador o inconsciente pode ser canalizada para a edificação de si mesmo, superação dos medos e perturbações, dos fantasmas do cotidiano, que respondem pela insegurança e pelo desequilíbrio emocional do indivíduo.

Com perspicácia admirável Jung estabeleceu que em todas as criaturas estão presentes muitos símbolos, que dormem no seu inconsciente, num grande pluralismo, que deve ser controlado até atingir um sentido de unidade, de unificação dos termos opostos em uma única manifestação de equilíbrio. Utilizou-se, assim, das expressões *yin* e *yang* presentes na existência humana de todos, numa representação do masculino (Yang) e do feminino (Yin). O primeiro é ativo, dinâmico, forte, rico de movimento, de calor, a claridade; o outro é passivo, repousante, frágil, sem muita atividade, frio, a sombra... Esses aparentes opostos produzem conflitos, porque, no momento em que se pensa algo fazer, de imediato uma ideia surge em sentido contrário no íntimo para não o realizar; deseja-se prosseguir e, ao mesmo tempo, parar; o desafio surge para tentar conquistas, enquanto outra parte trabalha para permanecer sem novas experiências. São, sem dúvida, as expressões do masculino e do feminino latentes no ser.

Na antiguidade, o misticismo oriental, em forma de sabedoria, trabalhava a pessoa para saber conduzir uma e outra força com equilíbrio, permitindo que houvesse predomínio desta ou daquela, conforme a situação, terminando pela produção do equilíbrio, que é o resultado da harmonia de controle, nos momentos adequados, por tal ou qual manifestação interior.

Nessa fase, a de harmonia, é possível separar-se o que é bom do que é mau, o justo do arbitrário, identificando os opostos e dando um sentido de perfeito equilíbrio a si mesmo, em identificação com o Cosmo. Não será esse o momento da aquisição do *pensamento cósmico*, quando o Psiquismo Divino se desenvolve no ser humano e ele pode exclamar, qual o fez Jesus Cristo: – *Eu e o Pai somos Um!*

Jung ainda pôde identificar a dualidade existente nas criaturas, a que as denominações de *animus* e *anima*, que estão sempre presentes nos sonhos. O *animus* como sendo a representação masculina nas atividades oníricas das mulheres e o *anima*, nas dos homens, como simbolismo presente das mulheres, que repetem os grandes vultos mitológicos, históricos, religiosos, presentes nas estórias, fantasias e mi-

Vida: desafios e soluções

tos dos povos de todas as épocas, proporcionando associações e vivências psicológicas, conforme a estrutura interior de cada qual.

Concordando com o pensamento do admirável investigador da psique humana, somente nos encorajaríamos a propor que, nessas representações oníricas, muitas das personagens *animus* e *anima* são as reminiscências, as revivescências das vidas anteriores arquivadas no inconsciente de cada um, graças ao perispírito ou *corpo intermediário* entre o Espírito e a matéria.

Jesus, por exemplo, harmonizava as duas *naturezas*, o *animus*, quando era necessário usar da energia e vontade forte para invectivar os hipócritas e lutar sem receio pelo ideal do Amor, e o *anima*, quando atendia os infelizes que O buscavam, necessitados de entendimento e auxílio. Ninguém, como Ele, conseguiu essa perfeita identificação do *yang* e do *yin*, provando ser o Espírito *mais elevado que Deus ofereceu ao homem para servir-lhe de modelo e guia,* conforme responderam os Mensageiros da Humanidade a Allan Kardec, em *O Livro dos Espíritos*, na questão número 625.

Por excelência, nesse esforço profundo de autoidentificação, o amor deve ser trabalhado conscientemente, a fim de desenvolver-se, já que é inerente à natureza humana, proveniente de toda a Natureza, que é Obra do Amor de Deus, que a impregnou desse *sentimento*, estruturando-a na vibração de harmonia que prevalece, mesmo quando se enfrentam os reflexos dos contrários.

Esse *arquétipo* do pensamento junguiano – o amor – faz parte da imensa listagem que foi preparada para traduzir as imagens ínsitas no inconsciente humano, mas que muitos psicanalistas advogam poder ser ampliada de acordo com a aptidão de cada pessoa, tendo em vista as suas próprias experiências na área dos sonhos, crescendo cada vez mais, de modo a atender a todas as necessidades de formulação, sem que se fique aprisionado em uma faixa estreita de representações.

Do inconsciente para o consciente, para a *individuação*, é que o ser pode harmonizar-se, conquistar a sua paz e saúde total.

Processo de individuação

As multifárias experiências da reencarnação deixam no ser profundo infinitas características, que poderíamos denominar como sendo os *arquétipos* junguianos. Heranças ancestrais, que se transformam em material volumoso no inconsciente, ditando os processos de evolução das ocorrências no ser e que o propelem para as diferentes atitudes comportamentais do cotidiano.

Todos os indivíduos são os somatórios de suas existências transatas, em que as diversas personalidades constroem a sua realidade pensante, com toda a carga de conflitos e lutas vivenciados que os assinalaram profundamente.

Poder mergulhar nesse oceano tumultuado de atividades vividas é a proposta em favor da sua conscientização.

A fim de lograr o êxito, cada qual se deve considerar único, diferente, não obstante com todas as analogias que são comuns aos demais membros da imensa família humana.

Normalmente, o indivíduo toma como padrões, e procura assemelhar-se àqueles que lhe parecem melhores, verdadeiros modelos, esquecendo-se que se torna impossí-

Vida: desafios e soluções

vel conseguir resultados positivos, nesse tentame, porque, à medida que imita outros perde a sua identidade, o seu caráter, amoldando-se a fórmulas e ídolos falsos, que também lutam e disfarçam as suas necessidades na exteriorização da personalidade.

O grande trabalho psicológico de crescimento do ser reside na busca de si mesmo. Embora parecido com outros, qual ocorre com o material físico que a todos constitui, cada pessoa é diferente da outra. Psicologicamente, existem no inconsciente todos os símbolos das diferentes culturas, que se mesclam, formando a *realidade* individual. Todavia, é indispensável buscar a *individuação*, isto é, a sua legitimidade, construindo-se idealmente e assumindo-se com os valores que lhe são peculiares, intransferíveis. Nesse processo, deve operar a transformação moral do Si, descobrindo tudo aquilo que lhe é perturbador e tentar superar, por eliminação, sem que esse esforço gere trauma ou insatisfação, assim diluindo as condensações das vivências anteriores, através da conscientização da sua integridade interior em harmonia com as suas manifestações exteriores.

Esse processo pode durar toda a existência, o que é muito saudável, porque o ser se descobre em constante renovação para melhor, liberando-se das cargas negativas que lhe ditavam as reações e lhe produziam problemas em forma de distúrbios íntimos, afetando-lhe a conduta.

Tornar-se um ser total, original, único, é a proposta da *individuação*, que liberta a consciência das constrições mais vigorosas do inconsciente dominador. É indispensável, dessa forma, enfrentar o inconsciente com serenidade, descobrindo-o e integrando-o à consciência atual, pelos melhores caminhos que estejam ao alcance. Cada ser encontra

Joanna de Ângelis / Divaldo Franco

a sua própria rota, que deve seguir confiadamente, trabalhando-se sempre, sem culpa, sem ansiedade, sem receios injustificáveis, sem conflitos responsáveis por remorsos...

Embora pertencente a determinado grupo social, deve encontrar os seus próprios interesses, mantendo, simultaneamente, os valores e qualidades que são inerentes a todos, de forma que não se aliene do contexto no qual se movimenta e deve viver.

Por mais se assemelhem os indivíduos, cada ser possui a sua própria estrutura psicológica, sempre resultante das experiências vivenciadas nas diferentes existências físicas. Eis por que, somente a reencarnação explica essa multiplicidade de conteúdos psicológicos nas criaturas, tornando-as distintas umas das outras, já que procedendo do mesmo *tronco*, cada uma viveu situações mui especiais e diferentes.

Buscando a *individuação*, percebe-se que as contribuições do mundo exterior imprimem, no ser, valores que não são verdadeiros para o seu nível de maturidade e que somente possuem legitimidade aqueles que lhe procedem do âmago, do seu inconsciente, agora em sintonia com a consciência lúcida. Isso oferece muita tranquilidade, porque permite identificar que não se torna necessário, para obter o triunfo, ser igual a ninguém, símile de outrem ou cópia dos modelos que se exibem na mídia, nos sucessivos festivais da ilusão e dos tormentos generalizados.

Cada ser possui uma infinita riqueza no seu mundo interior, que é a herança divina nele jacente, que agora desperta e toma-lhe a consciência, libertando-o dos atavismos perturbadores.

A psique humana, que se constrói como resultado dos símbolos universais existentes, dilata-se na individua-

Vida: desafios e soluções

ção que aguarda ser alcançada por todos os seres pensantes, por outro lado, meta da reencarnação: a conquista do Si, a elevação do Espírito, pairando sobre os destroços das experiências malogradas, transformadas em edificações de paz.

OS ARQUÉTIPOS

O conceito de *arquétipo*, adotado por Jung, já era conhecido desde Philo Judaeus, referindo-se à *Imago Dei*, que seria a imagem divina que existe no ser humano. Irinaeus, por sua vez, segundo Jung, afirmava que *O criador do mundo não formou estas coisas diretamente de si mesmo, mas as copiou de arquétipos exteriores.*

Em realidade, o *arquétipo* procede da proposta platônica em torno do *mundo das ideias*, primordial e terminal, de onde tudo se origina e para onde tudo retorna.

Jung utilizou-se do pensamento platônico para referir-se a imagens universais, que são preexistentes no ser – ou que procedem do primeiro ser – desde os tempos imemoriais.

Permanecem esses símbolos no inconsciente humano, independendo de quaisquer outras construções psicológicas, dando-lhe semelhança e *até uniformidade de experiência*, tornando-se uma representação que perdura imaginativamente. Tais imagens são comuns a todos os povos e características da espécie humana desde os seus primórdios, que surgem espontaneamente e têm várias configurações nos mitos e símbolos de todas as culturas.

A palavra *arquétipo* se origina do grego *arkhe*, que significa *o primeiro*, e *typon*, que significa *marca, cunho, modelo*, sendo, por isso mesmo, as marcas ou modelos primor-

103

Joanna de Ângelis / Divaldo Franco

diais, iniciais, que constituem o arcabouço psicológico do indivíduo, facultando a identificação da criatura humana. Existem no ser como herança, como parte integrante do seu processo de evolução.

Muitas vezes esses *arquétipos* surgem nos sonhos como imagens preexistentes, liberando-se do inconsciente. No entanto, nem todos os símbolos são procedentes dos *arquétipos*, porque podem ter origem na própria energia do indivíduo, nas suas atuais fixações, traumatismos psicológicos, conflitos, frustrações, ansiedades e desejos. Diferem, os *arquétipos*, dessa energia inerente ao ser, porque os primeiros têm um caráter universal, enquanto os outros são individuais.

Em se considerando a universalidade dos *arquétipos*, há uma grande variedade de símbolos que foram classificados por Jung, e posteriormente pelos seus discípulos e sucessores. No entanto, não podem ter um número fixo, porque sempre estão a apresentar-se com características individuais, em variações naturais, decorrentes de padrões e sinais de cada personalidade.

Jung asseverou que o termo *alma*, adotado pelas religiões, apareceu naturalmente, em razão do *arquétipo*, que tem a sua contrapartida psicológica. Na mulher, a alma seria masculina, de existência interior, que *se casa com Cristo*, no conceito da união paulina e do *matrimônio religioso* da mulher com Jesus, enquanto que, no homem, é feminina, como sendo a sua musa inspiradora, responsável pela beleza poética, literária e artística em geral. Essa representação psicológica aparece nos sonhos como *anima* para os homens e *animus* para as mulheres.

Vida: desafios e soluções

Se um indivíduo tem um sonho com o *demônio*, não significaria necessariamente que estivesse em contato com ele, mas com o *arquétipo* símbolo do mal, que existe no inconsciente de todos os povos desde a sua origem e permanece através dos milênios. Assim também o anjo, o amor, o ódio e outros são símbolos que sempre existiram no íntimo dos seres e que se transmitem através do inconsciente coletivo, exercendo um papel preponderante na linguagem onírica e no comportamento existencial.

Eles surgem e preponderam na vida psicológica dos indivíduos, sem que os mesmos se deem conta, aparecendo, inclusive, nos acontecimentos banais, comuns do dia da dia.

Quando alguém se refere a outrem, exaltando-lhe o estoicismo ou citando a covardia, está identificando o arquétipo que vive no seu próprio inconsciente e tem um caráter geral, comum a todos os demais. Assim sendo, sempre é encontrado nos outros aquilo que jaz na própria pessoa, o que lhe facilita o reconhecimento.

As criaturas são todas multidimensionais, possuindo características comuns, resultado da perfeita reunião dos *arquétipos* que constituem cada individualidade. Isto faculta a compreensão da outra, a sua identificação em valores, qualidades e sentimentos.

Normalmente esses *arquétipos* aparecem envoltos em símbolos místicos, divinos, com características de realidade ou em forma de fantasias, que os sonhos desvelam de maneira determinante.

Concordando, em parte, com o eminente mestre, agregaríamos que muitos símbolos, que se apresentam como *arquétipos*, provêm de um outro tipo de herança primordial: a da experiência de cada Espírito pelo imenso ocea-

Joanna de Ângelis / Divaldo Franco

no das reencarnações. Graças às mesmas, são transmitidas as vivências de uma para outra etapa, prevalecendo como determinantes do comportamento aquelas que foram mais vigorosas, assim estabelecendo, no inconsciente individual e profundo, símbolos que emergem no sonho ou durante a lucidez como conflitos variados, necessitados de liberação.

O processo da reencarnação explica a presença dos *arquétipos* no ser humano, porque ele é herdeiro das suas próprias realizações através dos tempos, adquirindo, em cada etapa, valores e conhecimentos que permanecem armazenados nos refolhos do ser eterno que é.

Enquanto o insigne mestre situa todos os deuses e gênios, heróis e modelos do Panteão grego, inclusive os de outros povos, como sendo a presença dos símbolos geradores dos *arquétipos,* o estudo das reencarnações demonstra que, mesmo em forma de símbolos, algumas das lendas e mitos presentes na história dos povos são resultantes da inspiração espiritual, de *insights* experimentados por inúmeras pessoas, assim também confirmando a preexistência do Espírito ao corpo e a sua sobrevivência à morte.

Esses *tipos primordiais*, retiradas as indumentárias das lendas, que pertencem ao desenvolvimento do pensamento nos seus variados níveis de crescimento até alcançar o *racional, o lógico*, existiram não somente na imaginação, mas como realidade que a fantasia adornou e perpetuou em figurações mitológicas.

Certamente, como afirma Jung, esses *arquétipos* aparecem nos sonhos como personalidades divinas, religiosas, portadoras de conteúdos transcendentais e se apresentam como sobrenaturais, invencíveis. Em muitas circunstâncias, porém, são encontros com seres transpessoais, que sobrevivem à morte e que habitam, não só o *mundo das ideias*, da

Vida: desafios e soluções

concepção platônica, mas o da energia, precedente ao material, ao orgânico, que é causal e atemporal.

Podemos, portanto, em uma visão transpessoal dos acontecimentos, associar os *arquétipos* a outro tipo de realidade vivida e ínsita no inconsciente profundo – o Espírito – ditando os comportamentos da atualidade, que são as experiências espirituais, parapsíquicas e mediúnicas.

Aprofundar a busca no oceano do inconsciente para eliminar os conflitos decorrentes das várias ocorrências passadas – as atuais e as das reencarnações anteriores – e conseguir a *individuação*, eis a meta que aguarda aquele que deseja estar desperto, consciente da sua realidade e que luta em favor da sua iluminação interior e felicidade total.

8

AUTODESPERTAMENTO INADIÁVEL

O DESPERTAR DO SI. ESFORÇO PARA EQUILIBRAR-SE.
DISCIPLINA DA VONTADE. AÇÕES LIBERTADORAS.

O DESPERTAR DO SI

A fase inicial da vida, sob qualquer aspecto considerado, é a do sono. Por isso mesmo, o psiquismo *dorme no mineral, sonha no vegetal, sente no animal, pensa no homem*, conforme sintetizou com muita propriedade o eminente filósofo espírita Léon Denis, e prossegue, com a imensa capacidade da intuição, no *anjo*, adquirindo novas experiências sem cessar, infinitamente.

O ser está fadado à perfeita sintonia com a Consciência Cósmica, que nele dorme, aguardando os fatores que lhe propiciem o desenvolvimento, o contínuo despertar.

Despertar, portanto, é indispensável, abandonando o letargo que procede das faixas por onde transitou, libertando-se do marasmo, em forma de sono da consciência, para as realidades transcendentes, desapegando-se das constrições que impedem a marcha, escravizando o Si nas paixões remanescentes, adormecidas, por sua vez, no inconsciente profundo, que prossegue enviando mensagens pessimistas e perturbadoras.

Conscientizar-se do que é, do que necessita fazer, de como conseguir o êxito, constitui, para o ser, chamamento urgente, como contribuição valiosa para o empenho na inadiável tarefa da revolução íntima transformadora.

Não poucas vezes encontramos no comportamento humano as referências ao *dormir, estar dormindo, adormecido,* caracterizando estados existenciais das criaturas. Certamente, de fato, a maioria está *adormecida* para as próprias realidades, para os desafios da evolução, para as conquistas do Si. Imediatamente apaixonada por interesses mesquinhos, mergulhada em sombras ou fascinada pelo doentio narcisismo, prefere permanecer em estado de *consciência de sono*, a experimentar o despertamento para a lucidez, portanto, para os compromissos em relação à vida e ao crescimento interior, que se lhe apresenta como um verdadeiro parto, no que tem razão. Despertar para a realidade nova da vida é como experimentar um parto interior, profundo, libertador, *dorido e feliz.*

Outras vezes, alguns que pretendem o acordar da consciência buscam os *gurus* famosos em cada época, a fim de que eles pensem e ajam sem o esforço pessoal dos que se fazem seus discípulos (*chelas*), desse modo estimulando-lhes a paralisia dos braços e do corpo em longos quão improdutivos estados de meditação prolongada, em fugas inoportunas aos labores edificantes da vida atual, sempre desafiadora e exigente. Constitui, essa conduta, uma forma de transferência de responsabilidade para longe dos compromissos graves do próprio esforço, que é a única maneira de cada qual encontrar-se com sua realidade e trabalhá-la, ampliando-lhe a capacidade de desenvolvimento.

Vida: desafios e soluções

Felizmente, chega-se ao momento em que os verdadeiros *mestres* e *guias* ensinam os caminhos, porém exigem que os aprendizes avancem, conquistando, eles próprios, as distâncias, particularmente aquelas íntimas que os separam do imperecível Si.

A Psicologia, por seu turno, convida o indivíduo a avançar sem a utilização de novas *bengalas* ou de dependências de qualquer natureza, a fim de ser livre. É compreensível que, em determinados momentos, durante a aprendizagem, a iniciação, o candidato se apoie naqueles que os instruem, liberando-se, a pouco e pouco, de forma a conquistar o seu próprio espaço.

As revoluções do pensamento têm sido muito velozes e se acentuam nesta última década, prenunciadora de uma Nova Era da Consciência, quando os horizontes se farão mais amplos e a compreensão da criatura se tornará mais profunda, particularmente em torno do Si, do Espírito imortal.

Todas as correntes da atual Filosofia, com raras exceções e experimentos das doutrinas psíquicas e parapsíquicas, como ocorre em algumas outras áreas, convergem para o ser permanente e real, aquele que atravessa o portal da morte e volve ao proscênio terrestre em nova experiência iluminativa.

Como consequência, a busca da realidade vem sendo orientada para o mundo interior, no qual o ser mergulha com entusiasmo e sabedoria, superando os imperativos das paixões perturbadoras, das sensações mais primitivas a que se vinculava.

Essa proposta é muito antiga, porque as necessidades humanas também o são. Pode-se, porém, arrolar no Evangelho de Jesus, que é considerado um verdadeiro tratado de psicoterapia e deve ser relido com visão nova e profunda por todos, particularmente conforme vem ocorrendo com a Psicologia e as demais doutrinas do psiquismo; refere-se, inúmeras vezes, ao *estar dormindo, ao dormir*, tanto quanto ao *despertar*.

Quando Jesus foi visitar Lázaro, que parecia morto, acercou-se do túmulo, informou que o amigo *dormia* e mandou abrir-lhe o túmulo na rocha, convidando-o a que despertasse e saísse das sombras. Escutando-lhe a voz que ressoou na acústica da alma, o cataléptico despertou e retomou a consciência, vindo para fora do sepulcro, sem a necessidade de qualquer milagre. Jesus percebera que a morte não lhe arrebatara o Espírito, nem rompera os liames vigorosos do *perispírito*, portanto, estava vivo ainda, porém *dormindo*.

Tratava-se de um sono orgânico provocado pela catalepsia, porque Lázaro já houvera *despertado* para a Realidade, razão pela qual ele pôde ouvir o chamado de retorno.[3]

Seguindo as pegadas de Jesus, o Apóstolo Paulo repetiu a proposta do despertamento inúmeras vezes, em situações diferenciadas, de acordo com o estado de adormecimento em que se encontravam os seus ouvintes ou interessados na sua mensagem.

Numa carta que dirigiu aos romanos, conforme capítulo treze, no seu versículo onze, depois de algumas considerações escreveu o desbravador das *gentes: Digo isto, porque sabeis o tempo, que já é hora de vos despertardes do sono...*[4] que retém as pessoas distraídas e distanciadas da Verdade, em permanente indecisão, ou em exigências infindáveis, ou em

---

3. João, 11:11.
4. Romanos, 13:11 (notas da autora espiritual).

Vida: desafios e soluções

discussões inúteis, ou em buscas infrutíferas, sem aprofundamento de nenhuma causa, todos mecanismos escapistas para abraçar o conhecimento libertador.

O estado de sono é paralisia da alma, peso na consciência individual e prejuízo na coletiva, que compraz, no entanto, a todos quantos fogem, consciente e inconscientemente, dos compromissos mais graves para com o Si, assim como em referência à sociedade que exploram e perturbam com a sua dependência.

Ainda examinando a problemática do sono, exclamou, em outra carta, que dirigiu aos Efésios, *o libertador das gentes, com energia e vitalidade: Desperta, tu que dormes, e levanta-te entre os* mortos.[5]

Evidentemente o apelo é dirigido àqueles que, embora vivendo, são mortos para a realidade do Si, permanecendo em estado de hibernação dos valores admiráveis da sua imortalidade.

Transitam, pelo mundo, os *mortos* para as emoções superiores, encharcados das paixões a que se aferram em terrível estado de intoxicação, padecendo-lhes as injunções martirizantes. São *cadáveres que respiram*, em uma alegoria evangélica. Sempre que convidados ao direcionamento superior, aos ideais de enobrecimento, ao agigantamento dos valores éticos, escusam-se e recusam cooperar, afirmando que a vida tem outros objetivos, empanturrando-se de alimentos e gozos, que logo passam, deixando-os sempre vazios e esfaimados. O seu despertar é sempre doloroso, porque se lhes torna difícil abandonar os hábitos doentios

---

5. Efésios, 5:14 (nota da autora espiritual).

e adotar novos comportamentos, que a princípio se fazem incomuns, incompletos, sem sentido.

Quando está desperto, lúcido para os objetivos essenciais da existência, ergue-se, o indivíduo, e sai do meio dos outros que estão *mortos* para a realidade.

Por sua vez, prosseguindo na mesma terapia, o renovado apóstolo Pedro, compreendendo e digerindo o que lhe aconteceu, voltou-se para os que o seguiam e admoestou com simplicidade: *Tenho por justo, enquanto estou neste tabernáculo, despertar-vos com recordações...*[6]

Vale se considere o corpo como um *tabernáculo*, no qual é possível a sublimação dos sentidos, tornando-se necessário *despertar* os demais, mediante *recordações* de tudo quanto aconteceu e está esquecido; de todas as ocorrências de vida, que agora jazem no olvido; de todos os valores que significaram esperança e dignidade e estão ao abandono. Mediante esse volver a viver – o recordar – é possível um saudável despertar e um tranquilo viver.

Examinando-se imparcialmente essas propostas de despertamento, compreende-se que o problema é urgente, embora o tempo que vem transcorrendo desde as advertências existentes em todas as doutrinas de dignificação humana.

Chama, porém, a atenção, a própria experiência de Pedro, nos momentos que antecederam a traição do Amigo e a inolvidável tragédia do Calvário, sendo advertido carinhosamente: *... Esta noite antes de o galo cantar, três vezes me negarás...*[7] prenunciando-lhe a defecção, por estar adormecido

---

6. II Pedro: 1:13;
7. Mateus: 26:34 (notas da autora espiritual).

Vida: desafios e soluções

para a grandiosidade de comportamento junto ao Benfeitor, quando fosse convidado ao testemunho – que é sempre prova de maioridade psicológica e existencial.

Parecia impossível que se concretizasse esse prognóstico, no entanto o mesmo sucedeu com a riqueza de detalhes com que foi anunciado, chamando o inadvertido ao verdadeiro despertar, que o fez autodoar-se até o momento final...

Prosseguindo-se em uma releitura do Evangelho de Jesus, o discurso está exarado sempre em advertências aos adormecidos, seja pelo sono fisiológico, seja pelo sono moral, seja pelo sono intelectual.

Destaque-se mais uma vez que, quando Jesus se encontrava em comunhão com Deus, pouco antes das humilhações a que seria submetido, por três vezes saiu de Si e foi visitar os companheiros que deveriam estar em vigília e todos dormiam, anestesiados pela indiferença ou pela inconsequência do seu estado de consciência. Convidados ao despertamento nas repetidas oportunidades, por fim foram deixados, porque já era tarde, não mais adiantava acordá-los.

O desafio do sono é muito grande, em face do largo período de permanência nas faixas primárias do processo da evolução, pelo qual passa o ser no seu crescimento espiritual.

O inconsciente está no comando das sensações e das emoções, deixando pouco espaço para a consciência, a lucidez dos atos. Não obstante, quando Jesus informou a Pedro sobre a negação e o cantar do galo, pôde-se inferir que o inconsciente estava representado pela figuração da ave que faz barulho, que desperta, e isso se daria somente quando o remorso lhe assomasse à lucidez invigilante.

O despertar é inadiável, porque liberta e concede autoridade para o discernimento. De tal forma se apresenta a capacidade de entender, que uma visão otimista e clara se torna a base do comportamento psicológico, portanto, do mecanismo íntimo para a aquisição da felicidade.

Essa realização não se dá somente quando tudo parece bem, mas sim quando sucedem ocorrências que são convencionalmente denominadas como infortúnios. Diante de tais fatos, em vez de haver uma revolta ou desespero, na serenidade do estar desperto, interroga-se: *O que me está desejando dizer este fenômeno perturbador?* Tratando-se de uma enfermidade, um desgaste físico, emocional ou psíquico, uma perda de valores amoedados ou de um trabalho, que é o sustento da existência, pergunta-se: *Isto que me está acontecendo, que significado tem para o meu progresso? Qual ou quais as razões destas mensagens?*

E penetrando-se com harmonia e sincero desejo de autodescobrir-se, de identificar o fator desequilibrante, a consciência identifica a causa real e trabalha-a, administrando a distonia profunda que se exterioriza na forma intranquilizadora.

Tal comportamento proporciona segurança, fixação no ideal, harmonia, equilíbrio.

Quando não está desperto, o indivíduo se transfere de uma para outra dependência, buscando guias e condutores que lhe diminuam o esforço para pensar, e passem a assumir responsabilidades que lhe dizem respeito.

No mergulho do Si nasce a coerência para com a vida e suas possibilidades, trabalhando pela libertação de todos os vínculos escravistas. Nem busca modelos pré-fabricados, nem formas unívocas que sirvam para todos. Cada ser possui as suas características e recursos, o que não estimula ao individualismo perverso, antes à aquisição da própria identidade. Não obstante, há um Guia e Modelo, cuja vida exemplar tem resistido a todos os vendavais do tempo e a

Vida: desafios e soluções

todas as críticas ácidas quão demolidoras de muitos pensadores, que é Jesus, o verdadeiro *divisor de águas* da História. Psicologicamente completo e desperto, tornou-se o maior exemplo de Consciência plena que se conhece no processo da evolução do ser, ensinando sem presunção, amando sem qualquer capricho, imolando-se sem qualquer mecanismo masoquista.

Portador de saúde por excelência, jamais se Lhe registrou qualquer tipo de distúrbio, como exaltação ou como depressão, mesmo nos momentos mais difíceis de uma trajetória assinalada pela incompreensão dos Seus coevos.

Simples e desataviado, Seu comportamento era otimista, rico de beleza e de ternura, demonstrando inequivocamente a Sua ascendência moral e intelectual.

Sempre desperto, Jesus é o exemplo máximo da conquista do Si.

Esforço para equilibrar-se

Há, em todo processo de amadurecimento psicológico, de despertamento da consciência, um jogo de interesses, que pode ser sintetizado nas experiências vivenciadas que formaram a personalidade do ser, criando hábitos e comportamentos, e na aspiração pelo que se deseja conseguir, enfrentando lutas e desafios constantes, até que se estabeleçam as condições para os fenômenos automatistas da nova realidade.

Trata-se de uma luta sem quartel, em razão dos impulsos cristalizados no *já feito* e a incerteza das aspirações pelo que se deseja realizar.

Nesse tentame, pode o indivíduo pecar por excesso de qualquer natureza, ou abandonando a experiência nova, para entregar-se ao amolecimento, ou dedicando-se exaustiva, irracionalmente à anelada conquista, que ainda não pôde ser testada pelas resistências do combatente.

O ideal, em toda situação, é sempre o equilíbrio, que constitui medida de avaliação das conquistas logradas.

Equilíbrio é harmonia entre ao que se aspira, o que se faz e como se comporta emocionalmente, sem ansiedade pelo que deve produzir, nem conflito por aquilo que foi conseguido. Trata-se de uma conquista interior, capaz de medir, sem paradigma estático, o valor das próprias conquistas. Detectando-se falhas do passado no comportamento, com tranquila naturalidade refazer-se o caminho, corrigir-se os equívocos e, quando se descobrir acertos, ampliá-los serenamente, sem extravagâncias ou presunção, compreendendo que apenas se encontra no limiar do desenvolvimento interior, do amadurecimento profundo do ser psicológico.

O equilíbrio resulta da identificação de vários recursos adormecidos no inconsciente profundo que, penetrado, abre campo para a conscientização dos deveres e responsabilidades a desempenhar. Somente através do trabalho constante de autoidentificação, é possível conseguir-se a harmonia para agir, iniciando a conduta nas paisagens mentais, pelos pensamentos cultivados, que se transformam em motivos para a luta.

Protágoras de Abdera afirmou que *o homem é a medida de todas as coisas,* sendo a realidade um permanente devir, variando a verdade de acordo com as épocas e os próprios processos de desenvolvimento do ser humano. Entretanto,

Vida: desafios e soluções

Heráclito afirmava que *a natureza gosta de esconder-se*, em uma proposta-desafio para que seja encontrada a razão de todas as coisas, porquanto o olhar desatento somente alcança limites e nunca a natureza em si mesma. Para Heráclito, o ver é parte integrante do dizer e do ouvir, numa tríade constitutiva da sua realidade.

Em uma análise mais profunda, a natureza está oculta porque dormindo no inconsciente coletivo de todos os observadores, nas suas heranças atávicas, nas conquistas variadas dos tempos e dos povos, cada qual *descobrindo* parte do todo até alcançar o *limite do olhar, a capacidade do dizer e a faculdade de ouvir* além dos sentidos físicos.

Por outro lado, esse homem que se apresenta como *medida de todas as coisas* é remanescente do processo natural da evolução nos diferentes períodos – antropológico, sociológico, psicológico –, avançando para a sua conscientização, a sua identidade plena.

O Si adquire experiências pelas etapas sucessivas das reencarnações, superando condicionamentos e dependências através da lucidez de consciência, que lhe impõe equilíbrio para a conquista do bem-estar emocional, da saúde integral.

As Leis do equilíbrio estão em toda parte mantendo a harmonia cósmica, ao mesmo tempo ínsitas no microcosmo, a fim de estabelecer e preservar o ritmo da aglutinação molecular. No campo moral, trata-se da capacidade de medir-se os valores que são adequados à paz interior e à necessidade de prosseguir-se evoluindo, sem os choques decorrentes das mudanças de campos vibratórios e comportamentais que todo estado novo produz no ser.

O esforço para equilibrar-se é o meio eficaz para a autorrealização, o prosseguir desperto. Trata-se de uma proposta de ação bem-direcionada, mediante a qual pode ser disciplinada a vontade de atingir a meta iluminativa.

O trabalho se apresenta como o meio próprio para o cometimento, ao lado, é certo, da viagem interior. O trabalho externo é realizado no *tempo horizontal*, nas horas convencionais dedicadas à atividade para aquisição dos recursos de manutenção da existência corporal, no qual se investem as conquistas da inteligência, da razão e da força, a resistência orgânica. Ao lado dele outros surgem, que passam a utilizar-se do *tempo vertical*, que é ilimitado, porque caracterizado como de natureza interna.

O trabalho de qualquer natureza, quando enobrecido pelos sentimentos, é o amor em atividade. O *horizontal* mantém o corpo, o *vertical*, sustenta a vida. Pode ser realizado com caráter beneficente, sem remuneração habitual ou mesmo da gratidão, da simpatia, feito com abnegação, em cujo tempo de execução o ser se encontra consigo próprio e desenvolve os valores reais do Espírito, compreendendo que servir é meta existencial, e amar é dever de libertação do *ego* em constante transformação.

O equilíbrio que se haure, enquanto se serve, permanece como marca de progresso, como lição viva do despertar, não se fadigando, nem se deprimindo quando não sucederem os propósitos conforme anelados.

O simples esforço para o equilíbrio já é definição do novo rumo que se imprime à existência, superando os condicionamentos perturbadores, *egoicos*, remanescentes dos instintos imediatos do comer, dormir, procriar... A existência física é mais do que automatismos, constituindo-se um

Vida: desafios e soluções

apaixonante devir, que se conquista etapa a etapa até culminar na autoconsciência.

Esforço, nesta leitura psicológica, pode ser descrito como tenacidade para não se deixar vencer pelo marasmo, pela acomodação, pelo limite de realizações conseguidas. É o investimento da vontade para crescer mais, alcançar novos patamares, desembaraçar-se de toda peia que retém o Espírito na retaguarda.

DISCIPLINA DA VONTADE

Essa *faculdade de representar um ato que pode ou não ser praticado*, como definem os bons dicionaristas, a vontade, tem que ser orientada mediante a disciplina mental, trabalhada com exercícios de meditação, através de pensamentos elevados, de forma que gerem condicionamento novo, estabelecendo hábito diferente do comum.

Necessariamente são indispensáveis vários recursos que auxiliam a montagem dos equipamentos da vontade, a saber: paciência, perseverança, autoconfiança.

A paciência ensina que todo trabalho começa, mas não se pode aguardar imediato término, porque conquistada uma etapa, outra surge desafiadora, já que o ser não cessa de crescer. Somente através de um programa cuidadoso e continuado logra-se alcançar o objetivo que se busca.

Tranquilamente se processa o trabalho de cada momento, abrindo-se novos horizontes que serão desbravados posteriormente, abandonando-se a pressa e não se permitindo afligir porque não se haja conseguido concluí-lo.

A paciência é recurso que se treina com insistência para dar continuidade a qualquer empreendimento, esperando-se que outros fatores, que independem da pessoa, contribuam para os resultados que se espera alcançar.

Esse mecanismo é todo um resultado de esforço bem-direcionado, consistindo no ritmo do trabalho que não deve ser interrompido.

Lentamente são criados no inconsciente condicionamentos em favor da faculdade de esperar, aquietando as ansiedades perturbadoras e criando um clima de equilíbrio emocional no ser.

Como qualquer outra conquista, a paciência exige treinamento, constância e fé na capacidade de realizar o trabalho, como requisitos indispensáveis para ser alcançada. Evita exorbitar nas exigências do crescimento íntimo, no começo, elaborando um programa que deve ser aplicado sem saltos, passo a passo, o que contribui para os resultados excelentes, que abrirão oportunidade a outras possibilidades de desenvolvimento pessoal.

Na tradição do Cristianismo primitivo, consideravam-se santos aqueles que eram portadores de atitudes incomuns, capazes de enfrentar situações insuportáveis e mesmo testemunhos incomparáveis. Certamente surgiram também várias lendas, muito do sabor da imaginação, conforme sucede em todas as épocas. Não obstante, conta-se que São Kevin, desejando orar, foi tomado por uma atitude de ardor e distendeu os braços pela janela aberta, preparando-se. Nesse momento, uma ave canora pousou-lhe na palma da mão distendida, e começou a fazer um ninho nesse inusitado suporte. Passaram duas ou mais semanas, e São Kevin

Vida: desafios e soluções

permaneceu imóvel, até que a avezita concluiu o dever de chocar os ovos que ali depositara.

Os companheiros consideraram esse um ato de paciência abençoada e invulgar paciência!

Não é necessário que se chegue a esse estágio, certamente impossível de vivê-lo, mas que serve para demonstrar que, mediante a sua presença, mesmo o inverossímil torna-se verossímil.

Surge, então, a perseverança como fator imprescindível à disciplina da vontade.

A perseverança se apresenta como pertinácia, insistência no labor que se está ou se pretende executar, de forma que não se interrompa o curso programado. Mesmo quando os desafios se manifestam, a firmeza da decisão pela consciência do que se vai efetuar, faculta maior interesse no processo desenvolvido, propondo levar o projeto até o fim, sem que o desânimo encontre guarida ou trabalhe desfavoravelmente.

Somente através da perseverança é que se consegue amoldar as ambições aos atos, tornando-os realizáveis, materializando-os, particularmente no que diz respeito àqueles de elevada qualidade moral, que resultam em bênçãos de qualquer natureza em favor do Espírito.

Quando não iniciado no dever, o indivíduo abandona os esforços que deve envidar para atingir as metas que persegue. Afirma-se sem o necessário valor moral para prosseguir, não obstante, quando se direciona para o prazer, para as acomodações que lhe agradam o paladar do comportamento doentio, deixa-se arrastar por eles, deslizando nos resvaladouros da insensatez, escusando-se à luta, porque, embora diga não se estar sentindo bem, apraz-lhe a situação, em mecanismo psicopatológico masoquista.

É conquista da *consciência desperta* o esforço para perseverar nos objetivos elevados, que alçam o ser do parasitismo intelectual e moral ao campo no qual desabrocham os incontáveis recursos que lhe dormem no mundo íntimo, somente aguardando o despertamento que a sua vontade proponha.

Como qualquer outro condicionamento, a perseverança decorre da insistência que se impõe o indivíduo, para alcançar os objetivos que o promovem e o dignificam. Ninguém existe sem ela ou incapaz de consegui-la, porque resulta apenas do desejo que se transforma em tentativa e que se realiza em atitude contínua de ação.

Da conquista da paciência, em face da perseverança que a completa, passa-se à autoconfiança, à certeza das possibilidades existentes que podem ser aplicadas em favor dos anseios íntimos. Desaparecem o medo e os mecanismos autopunitivos, autoafligentes, que são fatores dissolventes do progresso, da evolução do ser.

Mediante essa conquista, a vontade passa a ser comandada pela mente saudável, que discerne entre o que deve e pode fazer, quais são os objetivos da sua existência na Terra e como amadurecer emocional e psicologicamente, para enfrentar as vicissitudes, as dificuldades, os problemas que fazem parte de todo o desenrolar do crescimento interior.

Nesse trabalho, a *criança psicológica*, adormecida no ser e que teima por ser acalentada, cede lugar ao adulto de vontade firme e confiante, que programa os seus atos trabalhando com afinco para conseguir resultados satisfatórios. Nessa empreitada ele não deseja triunfar sobre os outros, conquistar o mundo, tornar-se famoso, conduzir as massas, ser deificado, porque a sua é a luta para conquistar-se,

Vida: desafios e soluções

realizar-se interiormente, de cujo esforço virão as outras *posses*, essas de secundária importância, mas que fazem parte também dos mecanismos existenciais, que constituem o desenvolvimento, o progresso da sociedade, o surgimento das suas lideranças, dos seus astros e construtores do futuro.

Todo esse empreendimento resulta da vontade disciplinada, que se torna o mais notável instrumento de trabalho para a vitória da existência física do ser pensante na Terra.

Equipado por esses instrumentos preciosos, começa o novo ciclo de amadurecimento da criatura humana, que agora aspira à conquista do Universo, porquanto o seu cosmo íntimo já está sendo controlado.

AÇÕES LIBERTADORAS

Possuindo os instrumentos hábeis para disciplinar a vontade, mantendo o conhecimento do Si, é claro que o indivíduo se autodesperta, percebendo a própria realidade e os objetivos essenciais para desfrutar de uma existência saudável, o que não significa viver sem qualquer aflição ou desafio. Antes, havendo adquirido consciência dos próprios limites, amplia-os em possibilidades de realização, assim também dos fenômenos normais que fazem parte da sua jornada evolutiva.

Assim considerando, percebe que deve partir para a ação, porquanto o conhecimento sem a experiência vivida no cotidiano carece de valor para significar equilíbrio, por não haver passado pelo teste demonstrativo da sua resistência.

Vive-se, na Terra, o momento do desvelar o que se encontra oculto. Não que este seja um período pior do que outros que foram ultrapassados. É mesmo caracterizado por muitas bênçãos advindas do progresso e do desenvolvimento cultural dos seus habitantes, embora ainda permaneçam muitos desastres evolutivos em forma de violência, de desrespeito aos Códigos Soberanos da Vida, de desequilíbrios em expressões diferentes, mas todos muito graves quão perturbadores.

Sucede que muitos dos acidentes morais que chegam ao conhecimento público e fazem a felicidade dos tabloides escandalosos e da mídia em geral, que com eles se preocupam, assim interessam às criaturas porque são projeções inconscientes do que está gravado no íntimo dos seres, permanecendo ocultos. De certo modo, o ser humano sente prazer quando detecta desgraça alheia, vendo-se refletido no outro, que parecia nobre e bom, no entanto portador das mesmas misérias que ele. Como consequência, compraz-se em divulgar o fato, hipocritamente algumas vezes, dando a impressão de lamentá-lo, quando o está aplaudindo e ampliando a área da informação malsã, ou simplesmente quando se ergue para agredir em nome da moralidade ou da defesa dos ideais de enobrecimento, assim agindo, irado, porque o outro realizou o que ele gostaria de fazer e não pôde, não teve *coragem*, as circunstâncias não lhe facultaram.

O comportamento emocional é muito complexo para ser reduzido a padrões que inspirem segurança e estrutura, em razão do processo de evolução de cada criatura, ao largo das reencarnações, tendo como predominância, em a sua natureza, o período multimilenário de experiências nas

Vida: desafios e soluções

faixas mais primárias do desenvolvimento e *pouco tempo* no acesso à razão, ao discernimento, ao sentimento de amor.

As ações, portanto, são o reflexo da fixação das conquistas psicológicas e intelectuais, tornando-se realidades na pauta do comportamento humano e no inter-relacionamento pessoal.

Começam como tolerância para com aqueles que se encontram nos patamares inferiores do processo de crescimento moral, ensejando-lhes aberturas fraternais para a sua realização, ao mesmo tempo auxiliando de forma direta na conquista do necessário ao seu crescimento interior e externo.

A tolerância real é conquista valiosa, que se transforma em degrau de progresso, porque faculta novas expressões de solidariedade, destacando-se o perdão irrestrito a todo mal que se haja feito, com esquecimento real da ofensa.

Superar esse desafio significa um passo avançado no processo iluminativo pessoal, que abre campo para as ações da caridade fraternal, do auxílio aos mais necessitados, da presença onde se tornem indispensáveis o apoio e a ajuda dignificadora.

Ação é a palavra de ordem, em todo o Universo. O movimento constitui mecanismo que impulsiona a vida em todos os sentidos.

O ser humano somente se identifica com a sua realidade quando age, tornando-se útil, desprendido dos bens materiais e das paixões pessoais ainda primitivas. Muitas desgraças que lhe acontecem são lições da vida, cujos bens morais deve compreender e armazenar. Enfermidades inesperadas, acontecimentos desagradáveis, mortes prematuras, separações que surpreendem, acusações descabidas são ocorrências que favorecem o enrijecimento do caráter do

Espírito e que o enobrecem, promovendo-o das faixas psíquicas mais pesadas onde se encontra, para que se possa movimentar em outras ondas elevadas que o aguardam no processo de libertação.

Por isso mesmo, nem todo infortúnio deve ser lamentado, senão aceito de modo positivo, porque a Vida sabe o que é necessário para o ser, proporcionando-lhe conforme a sua capacidade de aceitação e oportunidade de experimentação.

Assim realizado, esse ser autodesperto já não pode adiar a sua contribuição em favor do meio social onde vive, passando a agir de maneira infatigável.

As suas ações se tornam fator preponderante para o progresso de todos os demais seres, que agora se lhe tornam irmãos, companheiros da mesma jornada.

A sua ascensão eleva-os; a sua queda os conduz ao abismo. Sua responsabilidade torna-se expressiva, porquanto, autoconsciente dos compromissos que lhe estão reservados, entende por que se encontra na Terra neste momento e sabe como desincumbir-se dos confrontos e lutas que lhe chegam, preservando os valores morais e humanos que lhe são próprios.

Quaisquer conflitos que porventura lhe surjam, agora não constituem mais razão de desequilíbrio ou de perturbação, mas oportunidade de ampliar-lhe a capacidade de entender e de solucionar, de crescer infinitamente, porque o seu futuro é a conquista do Si plenamente, superando todos os obstáculos decorrentes das reencarnações passadas com vistas nas propostas desafiadoras do futuro.

9

RELACIONAMENTOS SAUDÁVEIS

A INFLUÊNCIA DOS MITOS NA FORMAÇÃO DA
PERSONALIDADE. CONCEITOS INCORRETOS E
PERTURBADORES. ESTABILIDADE DE COMPORTAMENTO.

RELACIONAMENTOS SAUDÁVEIS

Ninguém consegue viver sem a harmonia do grupo social no qual se encontra. *Animal gregário*, o ser humano nutre-se da vibração e da presença de outro igual, que o estimula para avançar na busca da sua autorrealização.

O relacionamento social é de grande importância para desenvolver os valores que se encontram adormecidos nos refolhos do inconsciente, aguardando os estímulos que os fazem exteriorizar-se, e isso somente é possível na convivência com outros indivíduos da mesma espécie.

O isolacionismo é sintoma de desajuste emocional, portanto de psicopatologia que necessita seja aplicada uma terapia competente.

Na convivência com o próximo, o ser humano lima as arestas interiores e ajusta-se ao grupo, aprendendo que a sua perfeita sintonia com os demais resulta em produção e aperfeiçoamento moral para todos. O seu crescimento é conquista geral, o seu fracasso é desastre coletivo. Nesse mister, portanto, descobre a beleza da harmonia, que resulta da perfeita identificação com os componentes do conjunto.

Quem duvide do valor da renúncia pessoal em favor do aperfeiçoamento do grupo social, observe, numa orquestra, qualquer instrumento que se destaque, por exibicionismo, destoando da pauta musical, e teremos a tragédia do esforço de todos.

Assim, portanto, há uma necessidade ética, psicológica, moral, em favor do relacionamento entre as criaturas, particularmente quando este pode ser saudável. A sua proposta se faz mediante o intercâmbio fraternal, aspirações culturais, doações dignificadoras, que se convertem em esforço de construção de momentos enriquecedores.

Os estímulos humanos funcionam de acordo com os propósitos agasalhados, porque a mente, trabalhando os neurônios cerebrais, estimula a produção de enzimas próprias aos sentimentos de solidariedade ou às reações belicosas. Assim, portanto, aspirar a ideias de teor elevado e mantê-las constitui meio seguro de conseguir-se relacionamentos saudáveis.

A INFLUÊNCIA DOS MITOS NA FORMAÇÃO DA PERSONALIDADE

Todos os seres são herdeiros naturais das suas experiências transatas. O processo da evolução antropológica permanece impresso nos painéis do inconsciente profundo, no próprio Espírito, que se socializa e desabrocha as expressões psíquicas por intermédio das vivências sucessivas e ininterruptas, o que lhe faculta crescer e adquirir maior soma de valores intelecto-morais.

Vida: desafios e soluções

Os mitos, dessa forma, encontram-se no bojo da sua formação, não dissociados do seu comportamento atual. Atitudes e realizações, anseios e propostas de variado teor repousam, inconscientes, em mitos que não foram decodificados pela consciência. O *temor a Deus*, remanescente do *pensamento primário*, mesmo de forma automática, prossegue conduzindo os indivíduos a processos religiosos sem nenhuma estrutura lógica, em forma instintiva de preservação do Si, para a eventualidade de existir um Ser Superior, Criador do Universo. Como consequência dessa atitude, o comportamento social é sempre caracterizado por ameaças, imposições, exigências descabidas e antológicas, disfarçando o medo que lhe permanece dominador nas fibras do sentimento maldirecionado.

Não tendo conseguido superar as impressões infantis que ficaram no íntimo, em forma de atitudes injustificáveis, o indivíduo continua transformando a vida em um proscênio especial para a vivência dos seus dramas e conflitos interiores, e espera acolhimento da plateia que o cerca. Não se conscientizando da realidade do cotidiano, foge para as paisagens das fábulas que lhe encantaram o período juvenil e aguarda as presenças fantásticas que lhe retiram os fardos opressores do trabalho, do esforço, das conquistas culturais, elegendo-o como privilegiado e semideus. Sua personalidade experimenta deformação constitutiva e apresenta-se com sinais de morbidez.

À medida que o ser se desenvolve psicologicamente, os mitos, que nele se encontram em forma arquetípica, sofrem transformações e adaptações aos mecanismos dos diferentes períodos de crescimento e de amadurecimento. As leves construções fantasistas vão sendo substituídas por novas aspirações realistas que se fundem na imaginação, abrindo espaço para um desenvolvimento equilibrado e saudável.

Na raiz de muitos comportamentos estranhos, encontram-se mitos não diluídos, comandando o indivíduo que prossegue imaturo.

Inúmeros desses mitos se originaram em ocorrências que não puderam ser comprovadas e passaram à galeria da imaginação, enriquecidos pelos sonhos e aspirações de pessoas e gerações sucessivas, que se encarregaram de dar-lhes vida, ora real, em outros momentos com caráter apenas simbólico.

Povos e civilizações que teriam existido, quais os *atlantis* e os *lemurianos*, passaram à galeria dos mitos, alguns dos quais enraizados em diferentes *Livros sagrados*, ao se referirem à criação da criatura humana, à expulsão do paraíso, ao dilúvio, à arca de Noé, à aliança entre a Divindade e o homem, renascendo, mais tarde, nas belas fábulas da Índia, da China, do Tibet, do Japão, nos deuses das grandes civilizações do norte da África e do Oriente Médio, ou, no Ocidente, no Panteão greco-romano, com o surgimento dos deuses-homens e dos homens-deuses, com paixões e sublimações características, que se transferem de geração em geração até o homem moderno, de alguma forma plasmando--lhe a personalidade.

A libertação do mito se torna possível quando o indivíduo se reveste de valor moral e cultural, para enfrentar-se e demitizar-se, resolvendo-se por assumir a sua realidade espiritual.

A existência humana, porém, transcorre num mundo assinalado pelos conflitos, pela competição impiedosa, pelo desrespeito aos valores legítimos do ser, empurrando, natu-

Vida: desafios e soluções

ralmente, as constituições psicológicas mais frágeis para a fantasia, para as fugas ocasionais da face objetiva da realidade, onde se resguardam e se preservam com a imaginação, estagnando ou retrocedendo emocionalmente ao período infantil. Fobias, insegurança e timidez se exteriorizam nas suas atitudes, que são resultantes da cultura receosa de agressão e descaso pelos aparentemente triunfadores.

A imaginação religiosa tem contribuído para a preservação desses mitos, portadores de dons e graças especiais, que são esparzidos com os seus eleitos ou com aqueles que se fazem eleger, através dos mesmos processos com que na Terra se conquistam os poderosos, tornando os solicitadores sempre dependentes, sem oportunidade de crescimento interior.

Nesse caso estão os *gnomos, fadas e anjos*, que possuem os ingredientes das imaginações férteis, tornando-os seres especiais, portadores de poder inimaginável e de recursos inesgotáveis, que põem à disposição dos seus aficionados, de todos aqueles que se lhes submetam e prestem culto de adoração. As fantasias desbordam e os excessos seduzem os incautos, que abandonam a lógica da razão para se comprazerem no mercado da ilusão, submetendo-se a imposições que não os engrandecem do ponto de vista psicológico nem cultural.

A posse de uma dessas personificações, que representam imagens arquetípicas das antigas fobias e aspirações, oferece força e poder para o indivíduo superar a má sorte, as dificuldades do dia a dia, os sofrimentos, e viver privilegiadamente no grupo social, sem sofrer as injunções naturais do processo de crescimento interior.

Estranhável seria se a constatação desse culto quase fetichista se desse apenas entre as pessoas de menores possibilidades culturais. Ele está presente em todos os segmentos sociais, e assim se encontra disseminado, porque os Espíritos reencarnados procedem de velhos cultos do pretérito, que ainda permanecem assinalados pelos atavismos impressionáveis do período primitivo do pensamento.

A Psicologia Espírita, eliminando os mitos da criação, oferece a visão científica dos fatos, estimulando ao crescimento interior, sem receios nem constrições prejudiciais à razão. A realidade sem crueza, o objetivo sem magia, o subjetivo sem superstição demonstram que a conquista da felicidade e da harmonia pessoal depende do esforço que cada qual empreende para ser livre, para aspirar ao futuro, a fim de voar, não pela imaginação, mas através dos recursos psíquicos na direção da Consciência Cósmica, que nele se desenvolve a pouco e pouco.

Conceitos incorretos e perturbadores

O ser humano, imaturo psicologicamente, sofre a angústia das incertezas quanto à sua conduta no grupo social em que se encontra. A sua insegurança leva-o, não poucas vezes, a comportamentos dúbios, destituídos de significado equilibrador.

Sentindo-se sem condição para exteriorizar a realidade que o caracteriza, procura agradar aos demais, sufocando as próprias aspirações e assumindo posturas que não condizem com a sua forma de ser. Torna-se espelho, no qual

Vida: desafios e soluções

refletem as outras pessoas, perdendo a própria identidade e derrapando em conflitos ainda mais inquietadores.

Supondo que essa seria uma forma de encontrar apoio social e emocional, descaracteriza-se e termina por não corresponder ao que espera como êxito, porque, por outro lado, as demais criaturas são também muito complexas, inseguras, e aquilo que em determinado momento as satisfaz, já não corresponde ao verdadeiro em outra oportunidade. Os relacionamentos degeneram e as suspeitas substituem a aparente estima antes existente, com resultado desgastante para ambas as partes.

Nessa situação, o indivíduo assume a atitude agressiva, mediante a postura de desvelar-se conforme é, esquecendo-se de diluir a insegurança e o dissabor, tornando-se, por isso mesmo, uma presença desagradável no meio social, que aguarda valores compensadores para a convivência saudável, quanto possível, que redunde em bem-estar e harmonia geral.

Essa criatura não sabe realmente o que deseja, para onde ruma e como se comporta, porquanto se encontra em estado de sonambulismo com *flash* de lucidez, que logo retorna ao nível de entorpecimento.

Preocupado com as demais pessoas, esquece-se de si mesmo, desvalorizando-se ou agredindo, quando deveria simplesmente despertar para a sua realidade e a que predomina no lugar em que se encontra. No entanto, nesse torpor robotiza-se, deixando-se conduzir pelas regras que lhe são impostas, mesmo não satisfazendo às exigências e necessidades que lhe são peculiares, ou seguindo o curso das tradições que nada têm a ver com seu objetivo, ou vitimado por hábitos que são resultantes de heranças anteriores sem nenhuma vinculação com o seu modo de ser, assim deixando-se massificar pela mídia extravagante e dominadora ou pelo grupo social que o asfixia...

Ele desejaria ser membro atuante desse grupo, que o repele, ou ele próprio se exila, por não haver compreendido a sua função existencial. Torna-se-lhe, então, indispensável o despertar real, através de uma reflexão em torno dos acontecimentos e das suas aspirações, a fim de situar-se em paz no contexto humano e ser livre, sem exibicionismo narcisista ou timidez depressiva.

O apóstolo Paulo, agindo de forma psicoterapêutica, por observar o letargo em que se encontravam os indivíduos do seu tempo, que reflete o nosso tempo atual, proclamou:

– *Desperta, ó tu que dormes, levanta-te entre os mortos e o Cristo te esclarecer*á – conforme se encontra na sua admirável carta aos Efésios, no capítulo cinco, versículo quatorze, e a que já nos referimos anteriormente.

O *sono* produz a morte do raciocínio, da lucidez, do compromisso elevado com o próprio Si, e como Cristo é discernimento, proposta de vida, conhecimento, é necessário permitir-se a sintonia com Ele, a fim de viver em claridade e sempre desperto para a vida.

O processo de libertação impõe alguns requisitos valiosos para culminar o propósito, como tais: indagar de si mesmo o que realmente deseja da existência física, como fazer para se identificar com os objetivos que persegue, e avaliar se as ações encetadas levarão aos fins anelados. Trata-se de um empenho resoluto, que não deve estar sujeito às variações do humor, nem às incertezas da insegurança. Estabelecida a meta, prosseguir arrostando as consequências da decisão, porque todo ideal custa um preço de esforço e de dedicação, um ônus de sacrifício.

Vida: desafios e soluções

Libertar-se das *bengalas* psicológicas de apoio para as dificuldades constitui um passo decisivo no rumo da vitória.

Da mesma forma, a vida exige que o indivíduo se libere da autocomiseração, que lhe parecia um mecanismo de chamar a atenção das demais pessoas, que assim passariam a vê-lo como um necessitado, portanto, alguém carente de afetividade.

O mundo real não tem lugar para a compaixão nos moldes da piedade convencional, que não edifica, nem proporciona dignidade a ninguém. Na grande luta que se trava, a fim de que a espécie mais forte sobreviva, imposta pela própria Natureza, os fracos, os tímidos, os inseguros, os de comportamento infantil e apiedados de si mesmos ficam à margem do progresso, cultivando os seus limites, enquanto o carro da evolução prossegue montanha acima.

Não tem a criatura motivo para a autocompaixão. Esse comportamento paranoico é injustificável e resulta da aceitação da própria fragilidade, que trabalha pela continuação de dependência dos outros, o que é muito cômodo, no campo dos desafios morais. Esse falso conceito de aguardar que os demais o ajudem, apenas porque se apresenta fraco, não tem ressonância no ser saudável, que desfruta de lucidez para enfrentar as vicissitudes que desenvolvem a capacidade de luta e de empreendimentos futuros.

O indivíduo faz-se forte porque tem fortaleza interior aguardando o desabrochar da possibilidade. A sua carga emocional deve ser conduzida e liberada, à medida que as circunstâncias lhe permitam, entesourando os recursos de realização e crescimento que estão ao alcance de todos os demais seres.

Nos relacionamentos humanos, somente aqueles que oferecem segurança e alegria proporcionam renovação e entusiasmo para o ser consciente.

Aprofundar reflexões, em torno do que é e do que parece ser, constitui proposta de afirmação da identidade e libertação dos mecanismos de evasão da realidade.

ESTABILIDADE DE COMPORTAMENTO

O comportamento saudável segue uma linha de direcionamento equilibrado, sem os altibaixos constantes dos transtornos neuróticos que produzem instabilidade emocional. A escala de valores adquire inteireza e passa a comandar as atitudes em todos os momentos possíveis.

O indivíduo permanece desperto, atento para as responsabilidades que lhe dizem respeito no quadro de realizações humanas e não se apresenta assinalado pelas incertezas e limitações que antes lhe eram peculiares. Há uma lúcida integração nos compromissos que assume e um positivo relacionamento com todas as pessoas, que resulta da autoestima e da *aloafeição*. Desenclausurado da concha do *ego*, enxerga o mundo de forma correta, compreendendo as suas imposições, mas sobretudo descobrindo-se como ser eterno, cuja trajetória na Terra tem uma finalidade superior, que é a conquista dos recursos que lhe perduram latentes, herança divina aguardando desdobramento.

A estabilidade do comportamento não fica adstrita a regras adrede estabelecidas, mas resulta de um amadurecimento íntimo, que ensina como agir diante dos desafios do cotidiano, a enfrentar as situações menos favoráveis, perce-

Vida: desafios e soluções

ber o significado das ocorrências e a deixar-se preencher pela resultante dos valores do amadurecimento da afetividade.

Com a mesma naturalidade com que enfrenta os momentos de júbilo, atravessa as horas de dificuldade, procurando descobrir a lição oculta em cada experiência, já que todo acontecimento é portador de uma mensagem que pode contribuir para o aprimoramento do ser. Por isso, a sua é uma forma agradável de viver, assinalada pela autoidentificação e pela autorrealização.

Isso não implica ausência de lutas, antes, pelo contrário, essas se fazem mais fortes, porque os horizontes a descortinar são mais amplos e os planos de conquistas são mais grandiosos. Surgem como desafios novos e geram dúvidas, confusões momentâneas, conflitos para a seleção de qualidade... No entanto, são diluídos com relativa facilidade esses imperativos, que cedem lugar ao discernimento que seleciona o que deve e o que pode ser executado, sem espaço para aflições desnecessárias, que poderiam perturbar o comportamento habitual.

As tensões, que são parte das lutas humanas, não conseguem gerar estados estressantes, mostrando-se momentâneas e logo passando ao equilíbrio e à confiança na própria capacidade de enfrentar problemas e solucioná-los de forma saudável.

A esse indivíduo de comportamento estável, se associam as qualidades morais que o tornam um homem ou uma mulher de bem, que se faz portador de conquistas interiores relevantes, que não se confunde nem se perturba nos choques existenciais.

Essa pessoa de bem é lúcida, porque sabe reconhecer os seus limites, porém conhece também as infinitas possi-

Joanna de Ângelis / Divaldo Franco

bilidades de crescimento e se entrega à tarefa de alcançar os novos patamares que vislumbra.

Não se atemoriza ante as propostas de aperfeiçoamento, porque está acostumada com as realizações de todo tipo, havendo transposto os limites internos e superado as barreiras externas do convencionalismo, das heranças míticas, das suspeitas injustificadas, tornando-se parte ativa do todo universal, com desempenho individual harmônico que proporciona alegria de viver.

10

A BUSCA DA REALIDADE

NECESSIDADES HUMANAS. LUTAS CONFLITIVAS.
AUTORREALIZAÇÃO.

O ser humano, em razão dos atavismos, do adormecimento da consciência, não tem sabido eleger o que é fundamental para a sua existência transitória no mundo, nem para a sua realidade como ser imortal. Atua por automatismos na busca do prazer e encoraja-se a realizar experiências libertadoras sem entregar-se plenamente a essa meta que lhe deveria constituir o objetivo essencial da sua reencarnação.

Aprisionado no corpo, que lhe serve de escafandro especial para o desenvolvimento dos valores morais na Terra, tem dificuldade de ensaiar as emoções superiores, que lhe podem proporcionar equilíbrio psíquico, e, por consequência, grande bem-estar físico, mesmo que sob os flagícios das enfermidades, que lhe constituem processo depurador da organização biológica.

A forma, no mundo corporal, está sempre em processo de transformação em todas as áreas e é inevitável que a enfermidade como desgaste visite-lhe a roupagem orgânica,

Joanna de Ângelis / Divaldo Franco

impondo-lhe as sensações desagradáveis de dor e insatisfação. Todavia, se consegue harmonizar-se com o Cosmo, graças à perfeita sintonia entre o Si e o Infinito, supera essas constrições de breve duração para viver as elevadas manifestações do gozo interior, modificando a escala axiológica habitual e passando a valorizar aquilo que lhe é duradouro acenando-lhe com os projetos da imortalidade.

Não se trata de uma visão teórica, mas é factual essa sobrevivência à destruição molecular, impulsionando desde agora à introjeção das conquistas pessoais relevantes, de forma que a conduta seja desenvolvida dentro de um programa criterioso e lúcido de objetivos definidos, que irão sendo conquistados de maneira consciente.

Essa realidade deve ser buscada como necessidade básica do seu processo de evolução, que não deve ser transferido *sine die*, tendo em vista a própria transitoriedade do corpo físico, no qual se encontra mergulhado.

NECESSIDADES HUMANAS

O ser humano estabeleceu como necessidades próprias da sua vida aquelas que dizem respeito aos fenômenos fisiológicos, com toda a sua gama de imposições: alimentação, habitação, agasalho, segurança, reprodução, bem-estar, posição social. Poderemos denominar essas necessidades como imediatas ou inferiores, sob os pontos de vista psicológico e ético-estético.

Inevitavelmente, a conquista dessas necessidades não plenifica integralmente o ser e surgem aqueloutras de caráter superior, que independem dos conteúdos palpáveis ime-

Vida: desafios e soluções

diatos: a beleza, a harmonia, a cultura, a arte, a religião, a entrega espiritual.

Toda a herança antropológica se situa nos automatismos básicos da sobrevivência no corpo, na luta com as demais espécies, na previdência mediante armazenamento de produtos que lhe garantam a continuação da vida, na procriação e defesa dos filhos, da propriedade... Para que pudesse prosseguir em garantia, tornou-se belicoso e desconfiado, desenvolvendo o instinto de conservação, desde o aprimorar do olfato até a percepção intuitiva do perigo.

Desenhadas no seu mundo interior essas necessidades básicas, indispensáveis à vida, entrega-se a uma luta incessante, feita, muitas vezes, de sofrimentos sem termo, por lhe faltarem reflexão e capacidade de identificação do real e do secundário.

Aprisionado no círculo estreito dessas necessidades, mesmo quando intelectualizado, sua escala de valores permanece igual, sem haver sofrido a alteração transformadora de objetivos e conquistas. Todas as suas realizações podem ser resumidas nesses princípios fisiológicos, *inferiores*, de resultado imediato e significado veloz.

Atormenta-se, quando tem tudo organizado e em excesso, dominado pelo medo de perder, de ser usurpado, e atira-se na volúpia desequilibrada de querer mais, de reunir muito mais, precatando-se contra as chamadas incertezas da sorte e da vida. Se experimenta carência, porque não conseguiu amealhar quanto desejaria, a fim de desfrutar de segurança, aflige-se, por perceber-se desequipado dos recursos que levam à tranquilidade, em terrível engodo de conceituação da vida e das suas metas.

Ninguém pode viver, é certo, sem o mínimo de recursos materiais, uma existência digna, social e equilibrada.

Mas, esse mínimo de recursos pode atender e sustentar outros valores psicológicos, superiores, que situam o ser acima das circunstâncias oscilantes do ter e do deixar de ter.

A grande preocupação deverá ser de referência a como conduzir-se diante dos desafios da sua realidade, não excogitada como essencial para a própria autoidentificação, autorrealização integral.

A luta cotidiana produz resultados imediatos, que contribuem para atender as necessidades básicas da existência, mas é indispensável alongar-se na conquista de outras importantes exigências da evolução, que são as de natureza psicológica, que transcendem lugar, situação, posição ou poder.

Enquanto um estômago alimentado propicia reconforto orgânico, uma conversação edificante com um amigo faculta bem-estar moral; uma propriedade rica de peças raras e de alto preço oferece alegria e concede comodidade, mas um momento de meditação enriquece de paz interior inigualável; o apoio de autoridades ou guarda-costas favorece segurança, em muitos casos, entretanto a consciência reta, que resulta de uma conduta nobre, proporciona tranquilidade total; roupas expressivas e variadas ajudam na aparência e agradam, no entanto, harmonia mental e correção de trato irradiam beleza incomum; o frenesi sexual expressa destaque na vida social, todavia, o êxtase de um momento de amor profundo compensa e renova o ser, vitalizando-o; a projeção na comunidade massageia o *ego*, mas a conquista do Si felicita interiormente...

As necessidades básicas fisiológicas são sempre acompanhadas de novas exigências, porque logo perdem a função.

Vida: desafios e soluções

Aquelas de natureza psicológica superior se desdobram em variantes inumeráveis, que não cessam de proporcionar beleza.

Por isso mesmo, a realidade do ser está além da sua forma, da roupagem em que se apresenta, sendo encontrada nos valores intrínsecos de que é constituído, merecendo todo o contributo de esforço emocional e moral para conseguir identificar-se.

Somente aí a saúde se torna factível, o bem se faz presente e os ideais de enobrecimento da sociedade como da própria criatura se tornam legítimos, de fácil aquisição por todo aquele que se empenha na sua conquista.

LUTAS CONFLITIVAS

A experiência vivencial é feita de lutas. No passado remoto, o mais forte venceu a fragilidade do outro e impôs-se, abrindo o campo da evolução antropológica. À medida que o cérebro foi-se desenvolvendo sob o império do psiquismo espiritual e tornando-se mais complexo, a inteligência contribuiu para que o processo de vitória se fizesse menos agressivo, embora ainda predomine na criatura humana uma soma de manifestações da natureza animal. O ser, no entanto, já discerne, repetindo as lutas cruentas por atavismo e sentido de perversidade, muitas vezes patológica, que lentamente serão superadas pela força mesma da evolução.

Apesar disso, abandonar os patamares mais imediatos, do que considera como necessidade de sobrevivência, exige uma luta feita de conflitos entre o que se desfruta e ao que se aspira, o que se tem e o que se pode e deve conseguir.

Essa luta tem muito a ver com os hábitos ancestrais que deixaram sulcos profundos no inconsciente e que se repetem por quase automatismo que à razão compete superar. Nesse esforço ressurgem as impressões das reencarnações próximas, caracterizadas pela predominância do instinto, sem matrizes dominantes da razão e do sentimento de solidariedade. Reaparecem, então, como tormentos íntimos, frustrações e desaires que atormentam, exigindo terapia conveniente e esforço pessoal, a fim de ultrapassar os limites impostos pelas circunstâncias.

Da mesma forma que existe o fototropismo, o heliotropismo, podemos encontrar na vida um psicotropismo superior propelindo os seres iniciantes a crescer, a se direcionar no rumo do Pensamento Causal e Organizador de tudo. É inevitável essa atração e ninguém pode fugir-Lhe ao imperioso magnetismo, que vitaliza tudo e a tudo envolve.

A luta, porém, trava-se no âmago do ser acostumado ao menor esforço e muitas vezes à exploração do trabalho alheio. Nessa ascese, cada qual desempenha um papel importante e ninguém pode viver por outrem o compromisso que lhe cabe atender. Esse crescimento é feito com suor e esforço bem-direcionado que, por isso mesmo, compensa e fascina abrindo novas oportunidades e desenvolvendo outras propostas de integração, que não mais se compadecem com a autocomiseração, nem com a angústia, medo, limites a que se está acostumado. O desafio da evolução é grandioso e todos os seres são conduzidos inevitavelmente à sua conquista.

Como luta pode oferecer resultados sempre melhores, porque fortalece aquele que combate, essa, a da evolução das necessidades básicas para as libertadoras, superará os conflitos em que o ser vem mergulhado, libertando-o das amarras que o prendem na retaguarda do progresso.

Vida: desafios e soluções

Os seres humanos que caminham sob o jugo da insegurança pessoal, diante da vida, aclimatam-se às regiões de sombras, porque aí se refugiam para prantearem os limites em que se comprazem, temendo tomar decisões que os libertariam, mas que, por outro lado, exigem-lhes o denodo, o sacrifício e a coragem para não desistir. Começada essa batalha nova, a de conquistar os espaços da evolução, mesmo sob conflitos perturbadores, dá-se o primeiro passo, que logo será seguido por outros, até o momento em que o prazer de ser livre se torna o emulador para mais audaciosas realizações.

Ninguém, portanto, aspire a vencer, aguardando que outros realizem o esforço que lhe cumpre desenvolver, porque a conquista é pessoal e intransferível, não havendo lugar para fraude ou enganos.

Quando o homem primitivo ergueu os olhos para o Infinito, atemorizou-se e curvou-se ante a majestade que não conseguiu entender. Lentamente, porém, perscrutando a Natureza e exercitando-se, passou do instinto grotesco para os mais refinados e abriu o campo da razão, que lhe faculta alcançar as primeiras manifestações da intuição que lhe será patrimônio futuro, quando totalmente livre dos imperativos da matéria.

Assim, a luta conflitiva cede lugar à de natureza consciente e racional, porque apresenta a meta a ser conquistada, sem cuja vitória o sofrimento permanece como ditador, impondo as suas diretrizes arbitrárias e nem sempre necessárias.

A vida não exige dor, mas brinda amor. A primeira é experiência para vivenciar o segundo, que não tem sido valorizado como necessário.

Desse modo, os mecanismos da evolução se impõem como necessidades de um nível mais avançado, as ético-moral-estéticas, que fomentarão outras mais grandiosas que se tornarão de natureza metafísica, porque penetrarão as regiões mais altas do processo de crescimento da vida.

AUTORREALIZAÇÃO

Considerando-se o imperativo das necessidades imediatas, as fisiológicas, como essenciais à preservação do corpo e movimentação no grupo social, deem-se espaços para as de natureza estética, aquelas que embelezam a vida e são o pórtico para o encontro com as *metanecessidades*.

O homem e a mulher, despertos para os deveres, atravessam os diferentes estágios das necessidades primárias sem apegos ou aprisionamentos, conseguindo perceber que as conquistas culturais e artísticas que lhe proporcionam a visão estética e deslumbram, sensibilizam o cérebro emocional sob o entendimento e absorção dos seus conteúdos pela razão.

Transposta esta fase, detectam as *metanecessidades*, que se apresentam como fortes apelos para o autodescobrimento, para a interiorização, por cujos meios poderão conseguir a autorrealização.

Esse processo dá-se lentamente como decorrência da insatisfação advinda dos valores reunidos, diante dos quais, porque já conseguidos, os estímulos para o prosseguimento da luta diminuem, perdendo a empatia e a significação que antes conduziam com entusiasmo para alcançá-los. Noutras vezes, surgem como *insights* que abrem as percepções para a realidade transpessoal, que ora deixa de ser um epifenôme-

Vida: desafios e soluções

no do sistema nervoso central ou uma alucinação, para apresentar-se com estrutura constituída e tornar-se realidade.

A pessoa que se encontra nesse patamar do processo de crescimento psicológico medita em torno dos objetivos existenciais e anela pelo prosseguimento da vida, que não termina com a morte orgânica.

Descobrindo-se como um *feixe de energia*, sob a ação e comando da consciência que pensa, identifica a leveza das teses materialistas e imerge no oceano íntimo, liberando o *inconsciente sagrado*, que faz despojar-se do primarismo, porque ascende vibratoriamente às regiões causais da vida, passando a sintonizar com as forças vivas e atuantes do Pensamento Divino.

Controla a máquina orgânica e suas funções, conseguindo desenovelar-se dos liames perispirituais e viajar pelo veículo da *psiconáutica*, inebriando-se e vitalizando-se de tal forma, que todas as aspirações passam a centrar-se no ser real, integral, que é o Espírito.

Um regozijo intenso invade esse novo nauta, que se autorrealiza.

As *metanecessidades* se fazem imperiosas, desdobrando painéis mais amplos quão atraentes, que, penetrados, mais favorecem com júbilo.

Esse ser torna-se, então, o seu próprio terapeuta e não mais tomba nas torpezas habituais, ancestrais, livre, por fim, dos condicionamentos viciosos e perturbadores, porque aspirou a outras paisagens enriquecedoras, de psicosfera mais pura e penetrante, e as viveu.

O apóstolo Paulo, escrevendo aos Tessalonicenses – I – Capítulo cinco, versículo dezesseis –, propôs, com ênfase, após retornar de uma dessas metaexcursões: – *Regozijai-vos sempre.*

A proposta psicoterápica que ele oferece é concisa e sem comentários, como imposição para uma autorrealização imediata, sem fugas espetaculosas nem justificativas desnecessárias.

Não se refere ele ao regozijo das horas alegres nem dos momentos felizes apenas, ou de quando tudo transcorre bem e de modo confortador, de realizações em clima de paz, porém, sempre, em qualquer circunstância, o que implica viver o regozijo nos momentos difíceis e provacionais, por saber que ele tem importância liberativa, portanto, motivos justos para serem fruídos.

O imperativo se estende, numa análise profunda, em torno das ocorrências desagradáveis e aparentemente danosas, como aquelas que surgem com as tormentas físicas e morais, que passam deixando destroços e mutilações, que são convertidas em renovação e recomeço.

Assim, a *metanecessidade* conclama à mudança de comportamento, transformando amargura em sorriso, revolta em abnegação, mágoa em perdão, desencanto em esperança, com que são superados os fatores de perturbação e conquistados os tesouros iluminativos.

Galgando degraus ascendentes, a pessoa desperta rompe a treva íntima com a adaga de luz da autorrealização. Não abandonando as técnicas e recursos da oração, dilui ansiedades e conflitos; da concentração nas *metanecessidades*, após suprir as fisiológicas e ético-estéticas, aprofunda-se na meditação, de cujo exercício retorna para a ação do bem, do amor e da libertação de vidas.

Essa magnífica odisseia pode e deve ser tentada em qualquer período da existência, mesmo sob o açodar das

Vida: desafios e soluções

necessidades fisiológicas, elegendo uma *metanecessidade* e empenhando-se para atendê-la.

O tentame deixará sulcos e sinais fecundos na consciência, que aspirará por novos logros, criando o hábito de nutrir-se com essas vibrações de retempero para o ânimo, motivadoras de libertação das básicas e imediatas necessidades primárias.

O ser avança da ignorância para o conhecimento, da forma abrutalhada para a essência superior, autorrealizando-se, vivenciando a própria imortalidade, que nele se encontra estabelecida.

11

VIDA: DESAFIOS E SOLUÇÕES

O CÉREBRO INTELECTUAL E O CÉREBRO EMOCIONAL.
MEDITAÇÃO E VISUALIZAÇÃO. O PENSAMENTO
BEM-DIRECIONADO.

A vida física é uma experiência iluminativa que enfrenta inumeráveis desafios, no seu processo de crescimento, exigindo esforços bem-direcionados, a fim de os solucionar.

O ser humano, graças ao seu instinto gregário, está fadado à construção do grupo social, no qual se realiza, recebendo auxílio e oferecendo recursos que são somados aos contributos do passado, de forma que a existência se torne mais agradável e enriquecedora. No entanto, em razão dos seus atavismos e vinculações às atitudes agressivas, padece as injunções constritoras que o asfixiam em conflitos, atormentando-o continuamente. Ao liberar-se, não raro, de uma dificuldade defronta outra, porque é impelido à ascensão e toda ascese exige sacrifício, renúncia e dedicação.

Para onde se volta depara convites ao crescimento, ao mesmo tempo testemunhos que o assustam. Se amadurecido, considera cada vitória uma oportunidade de evolução, que o colocará diante de novos desafios, qual ocorre com os fenômenos da própria existência, que faculta visões diferentes da realidade de acordo com os períodos que são vividos. Em cada etapa há uma escala de valores que têm um grande significado. Logo depois de ultrapassada, surgem novos, que passam a interessar e a exigir esforços do indivíduo. Se, todavia, não desenvolveu a escala de autodescobrimento, de maturidade, mergulha nos complexos dramas do desequilíbrio, perdendo-se no emaranhado das paixões e dos tormentos que o alienam.

Viver é construir-se interiormente, superando cada patamar da evolução mediante o burilamento de si mesmo. Não é uma tarefa simples, porque tem muito a ver com a realidade moral e espiritual da criatura, que é chamada a um incessante trabalho de autovalorização, de aperfeiçoamento íntimo, com superação das dependências que a amesquinham.

Convidada às conquistas exteriores, multiplicam-se-lhe os estados perturbadores na área da emoção: estados fóbicos, complexos de inferioridade ou de superioridade, narcisismo, egolatria, ressentimentos, inquietações quanto ao futuro, carência afetiva, transtornos neuróticos e psicóticos em variada gama, que não sabe como administrar, em razão da falta de hábito de adentrar-se interiormente, a fim de saber exatamente o que deseja da atual existência.

Acomodada, por hábitos ancestrais, receia autodescobrir-se, justificando não saber como enfrentar-se, já que durante todo o tempo esteve fugindo da sua realidade.

Nesse estágio, a viagem interior para solucionar os desafios faz-se inadiável, sem reserva, sem retórica.

Vida: desafios e soluções

O CÉREBRO INTELECTUAL E O CÉREBRO EMOCIONAL

Durante os últimos oitenta anos, aproximadamente, a Psicologia esteve aprisionada no conceito do *cérebro intelectual*, que se exteriorizava através dos QIs, cuja escala de valores estabelecia os créditos dos que deveriam triunfar na existência física. Todos aqueles que fossem bem-dotados intelectualmente, de certo modo, eram tidos como futuros triunfadores, passando a uma atitude quase arrogante em relação às demais pessoas, como se não necessitassem de mais nada para conseguirem a vida feliz que todos anelam.

Valorizando-se os resultados dos testes de Binet e Simon, graças à sua *escala métrica da inteligência*, não se levava em conta as emoções do indivíduo, que poderia ser comparado a um robô com capacidade de enfrentar os problemas e solucioná-los com frieza, equipado que se encontrava pela inteligência para os mais graves cometimentos existenciais.

A verdadeira *ditadura* dos elevados QIs selecionava os tipos eleitos pela natureza, abrindo-se-lhes as portas para o triunfo, criando, desse modo, uma casta privilegiada, que deveria conduzir as mentes humanas e a sociedade em geral.

Os resultados, porém, na prática, não corresponderam às expectativas dos seus formuladores. Naturalmente, o indivíduo bem-dotado de inteligência encontra mais facilidade para solucionar os desafios das situações mais graves. Todavia, há outros fatores de muita importância que devem ser levados em conta e que dizem respeito ao *cérebro emocional*, porquanto o ser humano é, antes de tudo, um feixe de emoções, que o dirigem, condicionam, elaboram programas para a sua estrutura psicológica, contribuem para a sua autorrealização.

Foi possível observar-se, com o passar do tempo, que homens e mulheres superdotados não lograram o êxito desejado por falta de vontade para a luta, por acomodação ou eleição de outros valores-prazeres que os dificultaram na conquista do bem-estar. Simultaneamente, outros com menor capacidade intelectual, variando entre 90 a 100, conseguiram realizar e realizar-se, em face da tenacidade e esforço moral para alcançar os patamares, que se prometeram e não pararam de lutar sem os atingir. Muitas vezes têm sido encontrados aqueles que alcançaram o expressivo QI de 160 e, não obstante, são dirigidos por outros que não passaram de 100...

As habilidades relacionais e emocionais são fundamentais para o êxito do ser humano e não apenas as resultantes da sua inteligência.

Defronta-se, então, no momento, uma nova proposta, que diz respeito ao desenvolvimento da inteligência *interpessoal,* que se responsabiliza pelo relacionamento social, pela observação e acompanhamento das ocorrências, pela capacidade de poder discernir, respondendo de forma consciente aos variados estados espirituais, aos diferentes temperamentos com os quais se deve lidar, aos cuidados que devem ser direcionados no trato com as demais pessoas, que extrapolam à robotização intelectual.

Em razão disso, é necessário harmonizar emoção e pensamento, de forma que se ajudem mutuamente, a emoção dando calor à razão que, por sua vez, oferecerá entendimento ao *coração,* evitando sempre a permanência em uma única vertente da realidade que constitui o ser humano.

As emoções, naturalmente, quando maldirecionadas perturbam o pensamento, dificultando a concentração e

Vida: desafios e soluções

trabalhando em sentido diferente do intelecto. Da mesma forma, a inteligência fria e lógica cria obstáculos à doação afetiva, à concentração emocional, tornando o indivíduo destituído de amor e de sensibilidade. Ele pode expressar toda a beleza, descrever toda a harmonia, narrar toda a grandeza da vida, sem nada sentir, fazendo-o apenas de forma intelectual, sem vida.

Quando há predominância da emoção, as atitudes são embaraçosas, e a pessoa simplesmente não consegue pensar corretamente, discernir entre o certo e o errado, criando dificuldades de comportamento. A *neurociência* denomina o fenômeno como decorrente da *memória funcional,* que se localiza no córtex pré-frontal. É necessário, portanto, que, no festival da vida, as emoções convivam bem com a racionalidade, a fim de que sentimento e pensamento deem-se mutuamente contribuição, para o cometimento dos resultados felizes nas decisões e condutas humanas.

A criatura, concluímos, é possuidora de *dois cérebros*: *o emocional e o racional,* que poderíamos denominar como dois tipos de inteligência ou, mesmo, dois tipos de mentes. O desenvolvimento de ambos os fatores responde pelos sucessos ou pelos prejuízos que afetam as criaturas humanas.

Meditação e visualização

Para um bom desempenho existencial, um adequado processo de evolução, torna-se indispensável uma análise profunda do Si, a fim de enfrentar a vida com os seus desafios e encontrar as convenientes soluções.

Entre os muitos métodos existentes, somos do parecer que a meditação, destituída de compromissos religiosos ou vínculos sectaristas – mais como terapia que outra qualquer condição –, oferece os melhores recursos para a incursão profunda. Diferentes Escolas apresentam métodos diferenciados, cada qual mais exigente nos detalhes, como certas da excelência dos seus resultados, que merecem nosso respeito, mas não o nosso acatamento para o fim a que nos propomos neste contexto de pensamento e de identificação.

Assim, importantes não serão a postura, as palavras mântricas, as melodias condicionadoras, mas os meios que sejam mais compatíveis com cada candidato e suas resistências psicológicas. É sempre ideal que se tenha em mente a boa respiração, como forma de eliminar o gás carbônico retido nos pulmões por deficiência respiratória, e, lentamente, a eleição de uma postura que não se faça pesada, cansativa, constritora. Logo depois, seja selecionado o em que meditar e como fazê-lo.

Como a nossa proposição não se refere às técnicas da meditação transcendental ou outras determinadas, muito conhecidas no Esoterismo, na Yoga, etc., sugerimos que o indivíduo procure relaxar-se ao máximo, iniciando pela concentração em determinadas partes do corpo, a saber: no couro cabeludo, na testa, nos olhos – cerrados ou não, como for melhor para cada um –, na face e descendo até os dedos dos pés.

A repetição do exercício criará um novo condicionamento mental, induzindo o pensamento a permanecer firme nas metas que lhe são apresentadas, e raciocinando, que é a sua principal peculiaridade.

Vida: desafios e soluções

No início não seria conveniente ouvir música, a fim de evitar criar dependência desse gênero. Mais tarde, quando já aclimatado à experiência, a música poderá exercer uma função igualmente terapêutica, contribuindo para o relaxamento.

Deve-se ter em mente o tempo disponível. De início, o esforço deve ser breve e, vagarosamente, ampliado até o suportável com bem-estar e sem preocupação, atingindo-se depois o limite desejável de trinta ou sessenta minutos, conforme as possibilidades individuais.

Não há regras rígidas estabelecidas, antes propostas que facultem a educação da mente e criem o hábito da interiorização, em face do contubérnio em que se vive, distante de todo processo que induz ao silêncio mental, ao equilíbrio das emoções, à harmonia do pensamento.

A mente é um *corcel rebelde*, que necessita ser domada pelo exercício de direcionamento a valores que elevem e dignifiquem o ser. A polivalência de preocupações, de apelos, de necessidades deixa-a sempre agitada ou esgotada, incapaz de novas contribuições, quando são solicitadas colaborações inabituais, gerando dificuldade de concentração e de captação de ideias diferentes.

Criada a atmosfera de relaxamento sem dificuldade, com a respiração pausada, em tempos específicos de inspirar com a boca cerrada, reter, mantendo-a ainda fechada, e expirar, abrindo-se suavemente os lábios, modifica-se esse tipo de estrutura convencional, a que se está acostumado, dando-se lugar a um novo método saudável de absorção e eliminação do ser.

Perceber-se-á, aos primeiros dias do exercício, uma renovação orgânica, muscular e melhor disposição para as atividades, como efeito da boa respiração, passando-se então para a visualização, que é um método de enriquecer o pensamento e a memória, despojando a última das fixações pessimistas e inquietadoras que se tornaram habituais.

Basta que se pense em uma região agradável: praia tranquila, bosque perfumado, jardim colorido, regato cantante e manso, lago espelhado, montanha altaneira, recanto bonito, qualquer lugar que ofereça uma paisagem, uma visão encantadora e confortante, para poder transferir-se mentalmente para ela.

Conservando o relaxamento e a respiração, a mente que elabora o lugar ou a memória que traz de volta um referencial sedutor, como cromo festivo, deve fixar o pensamento e aí viver as agradáveis harmonias, enquanto se deixa penetrar pelas forças ignotas da Natureza, facultando a sintonia com a Energia Divina, que se encontra em toda parte, abrindo espaço para as influências dos Espíritos superiores, que se utilizam desses momentos, a fim de auxiliarem os seus pupilos, particularmente aqueles que estão interessados no próprio crescimento moral.

Quando estiver estabelecido esse novo hábito, deve-se visualizar um acontecimento agradável que se encontra guardado no inconsciente, retirando-o dali pela memória ativa e voltando a experimentá-lo de tal forma, que se torna vívido e saudável, proporcionando o mesmo bem-estar daquela oportunidade ora passada.

Esse expediente auxiliará a emoção a reviver cenas felizes, que estão *sepultadas* sob os desencantos e problemas acumulados, que ora constituem carga emocional muito desagradável e inquietadora.

Vida: desafios e soluções

Com esse método fácil de reviver a felicidade, podem-se visualizar, também, momentos desagradáveis, ocorrências más, que deixaram resíduos ácidos e ressentimentos graves desculpando o ofensor, distendendo-lhe o perdão, retirando--o dos arquivos do inconsciente e liberando-se para preencher o espaço com acontecimentos vitalizadores.

Por fim, visualizar uma grande luz com tonalidades suaves e penetrantes, deixando que se lhe adentre pelo centro coronário, invadindo o aparelho circulatório, a partir do cérebro e tomando todo o organismo, lentamente, liberando-o das energias deletérias que facultam a instalação de microrganismos destruidores e de *larvas mentais, formas--pensamento* e outros, que contribuem para o surgimento de enfermidades degenerativas. Com a força mental deve-se empurrar os impedimentos que a luz encontre nas artérias, veias e vasos, até que todo o corpo interiormente seja uma torrente luminosa.

Durante três a cinco minutos permanecer em estado de claridade interior terapêutica, mantendo o pensamento na visualização salutar e volvendo ao ambiente onde se encontra, sem pressa e com tranquilidade.

É claro que se deve selecionar o lugar onde se vai meditar e visualizar, a fim de que nada preocupe, nem crie embaraço ou perturbação.

Passado o exercício, conservar a experiência com naturalidade quanto possível nos painéis mentais, até que outras preocupações lhe tomem o lugar, sem gerar aflição.

Com essa técnica simples apresentamos uma forma terapêutica para a libertação de alguns conflitos, que devem ser trazidos, um a um, à visualização, através do tempo, superando-os ou diluindo-os. Caso permaneçam alguns mais difíceis de liberação, é evidente que a pessoa necessita de um grupo de apoio, ou de um psicoterapeuta para tanto, credenciado pelas Academias.

A visão da Psicologia Transpessoal sobre a criatura favorece-a com possibilidades inimagináveis de autoencontro, para uma autorrealização que vai sendo conseguida com esforço e prática de boas ações, que se encarregam de restaurar os créditos morais que as atitudes das encarnações passadas desperdiçaram, gerando efeitos danosos para a atual.

Como todos estão na Terra para serem felizes e superarem os impedimentos à perfeição que lhes está destinada, todo o esforço e empenho moral envidados contribuem para a harmonia e felicidade.

O PENSAMENTO BEM-DIRECIONADO

O pensamento é força viva e atuante, porque procede da mente que tem a sua sede no ser espiritual, sendo, portanto, a exteriorização da Entidade eterna.

Conforme o seu direcionamento, manifesta-se, no mundo das formas, a sua realização. A sua educação é relevante, porque se torna fator essencial para o enfrentamento dos desafios e encontro das soluções necessárias à vida saudável.

Normalmente, em razão do hábito de mal pensar, os indivíduos asseveram que tudo quanto pensam de negativo lhes acontece, e não se dão conta de que são, eles próprios, os responsáveis pela construção mental do que anelam, inconscientemente, e elaboram pelo pensamento. Alterassem

Vida: desafios e soluções

a forma de encarar a vida e de pensar, e tudo se modificaria, tornando-se-lhes a existência mais apetecível e positiva.

A Neurolinguística demonstra que as fixações mentais contribuem para as realizações humanas, e a *Neurociência* confirma o poder da força mental na atividade humana.

É de mau vezo cultivar-se pensamento destrutivo, pejorativo, perturbador, porquanto a sua emissão vai criar fatores que lhe facultam a condensação na área das emoções, das realidades físicas.

Sempre que se pensar a respeito de uma ocorrência desagradável que se espera aconteça e constate que ela sucedeu, estará na hora de alterar a maneira de elaborar as ideias, construindo-as de forma edificante ou positiva. Ver-se-á que se alterarão os acontecimentos, tornando-os mais felizes e confortadores.

Não desejamos com isso afirmar que, com o simples fato de elaborar-se uma ideia, necessariamente, acontecerá como se quer ou como se planeja. No entanto, a onda mental emitida se transforma em fator propiciatório, que irá contribuir para tornar viável o desejo, que deve ser acompanhado do empenho, do esforço para torná-lo real, construtivo e edificante.

Vitimado por uma necessidade masoquista, o ser humano, que gosta de chamar a atenção pela piedade e não pelos seus incomparáveis valores morais, intelectuais, culturais, sociais e outros, sempre se fixa nos complexos de desgraça, cultivando mentalmente as atitudes que geram infelicidade, assim desenvolvendo uma grande capacidade para produzir os efeitos.

Modificando a estrutura psicológica, pelo sanear do conflito a que se apega, deve direcionar a força mental para a sua realização, a fim de que lhe surjam fatores especiais que o auxiliem na modificação das paisagens íntimas e das ocorrências externas, desde que está programado pelo Pensamento Divino para alcançar os patamares mais elevados da vida.

Necessário que se adapte às alturas, de forma que o crescimento se dê natural e caracterizado pelas bênçãos da alegria, da saúde, da ventura.

A harmonia que predomina no Universo igualmente se encontra no ser humano, que momentaneamente está em desenvolvimento dessas belezas que cantam em toda parte, emulando-o ao avanço sem repouso, ao trabalho sem fadiga, à edificação do melhor em todos os momentos.

Desse modo, os desafios existenciais fazem parte da vida, sem os quais o ser seria destruído pela paralisia da vontade, dos membros, das aspirações, que se transformariam em doentia aceitação dos níveis inferiores do estágio da evolução.

Viajar no rumo do inconsciente para liberá-lo das heranças primárias e enriquecer o Si com a luz do discernimento elevado, em ininterrupto esforço de engrandecimento e sintonia com a Vida, é a finalidade precípua da reencarnação, que liberta o Espírito da roda automática das experiências do *ir e vir* sem conquistas correspondentes às propostas da Divindade. E porque esse fenômeno de conquista do Infinito não cessa, terminada uma etapa outra surgirá mais desafiadora, e mediante essas vitórias o ser se plenifica e se torna *uno com Deus*.

Este livro foi impresso na
LIS GRÁFICA E EDITORA LTDA.
Rua Felício Antônio Alves, 370 – Bonsucesso
CEP 07175-450 – Guarulhos – SP
Fone: (11) 3382-0777 – Fax: (11) 3382-0778
lisgrafica@lisgrafica.com.br – www.lisgrafica.com.br